아야빠의 새집 만들기 프로젝트
나도 한다! 셀프 인테리어

KB192454

▶ 아야빠의 새집 만들기 🏠프로젝트

나도 한다!
셀프 인테리어

아야빠(임승우) 지음

PROLOGUE

우리 가족은 여행을 가면 한곳에 오랫동안 머무르는 편이다. 예전에 유럽 여행을 갔을 때도 피렌체에만 20일 가까이 머무른 적이 있을 정도다. 이러한 우리를 이상하게 생각하는 이도 더러 있지만, 짧은 시간에 여러 곳을 둘러보는 여행 스타일은 우리 가족과 맞지 않았기에 그런 시선은 개의치 않았다.

이러한 여행 스타일은 아이들이 생긴 이후 찾아온 변화다. 네 가족이 복작복작하게 살던 일상에서 벗어나 낯선 곳에서 여유를 되찾는 것. 조금 더 느긋하게 주변을 둘러보며 현지인들의 사는 모습과 그들의 문화를 직접 누려 보는 것. 평상시에는 만나기 어려운 조용한 쉼을 즐기는 것이 우리 가족의 여행이다.

그래서일까? 어느 순간부터 우리는 집에서도 쉼을 찾기 시작했다. 단순히 밥을 먹고 잠을 자는 공간이 아닌 내 몸과 마음에 평화와 여유를 되찾아 줄 그런 공간을 원했다. 일상에서도 쉼은 필요하니까.

비록 아이들과 함께 생활하는 거실이 복잡하더라도 부부 침실만은 호텔처럼 포근하고 아늑하면 얼마나 좋을까? 반대로 침실은 단출하지만 온 가족이 사용하는 거실의 인테리어를 멋지게 바꾼다면 일상이 얼마나 행복할까? 자꾸만 요리를 하고 싶은 주방과 씻을수록 행복해지는 욕실을 만들 수 있다면 얼마나 만족스러울까?

시간이 지날수록 우리 가족의 취향에 딱 맞는 그런 공간을 갖고 싶다는 마음은 점점 커져만 갔다. 그렇게 나의 셀프 인테리어는 '가족의 진정한 쉼'을 생각하며 시작되었다.

하지만 아무런 지식도 없는 상태에서 인테리어를 한다는 것이 결코 쉬운 일은 아니었다. 나름 손재주가 좋은 편이라고 자신했는데, 셀프 인테리어를 하면 할수록 그 생각이 얼마나 오만한 것이었는지 깨달을 뿐이었다.

머릿속에 구상했던 것과 전혀 다른 방향으로 가는 것은 기본이고, 엉뚱한 재료를 구매해 어떻게든 해 보려다가 망한 적도 있었다. 전문가라면 절대 하지 않을 방법만 고집해 괜히 고생하는 날도 많았다. 하지만 이러한 것들도 다 소중한 경험이 되어 어느 순간부터는 내가 원하는, 우리 가족이 원하는 인테리어를 내 손끝으로 완성할 수 있게 되었다.

하지만 셀프 인테리어에 성공하기까지 너무 오랜 시간이 걸렸다. 여러분만은 나처럼 멀고 먼 길을 돌고 돌아 인테리어를 하지 않길 바란다. 조금 더 쉽고, 조금 더 간단하게, 여러분의 시간을 최대한 아껴서 훌륭한 결과물을 내길 원한다. 이를 위해 내가 알고 있는 모든 지식들을 이 책 한 권에 담았다. 용기 있게 셀프 인테리어에 도전하는 분들에게 부디 이 책이 자그마한 도움이 되었으면 좋겠다.

끝으로 이 책을 만들기까지 물심양면으로 애써 주신 출판사 편집부 여러분, 늘 옆에서 힘이 되어 주는 나의 아내, 이 세상에서 제일 사랑하는 아이들, 그리고 가깝고 먼 곳에서 언제나 응원해 주는 구독자분들에게 감사 인사를 전한다.

* 이해를 돕기 위해 모든 작업에 QR코드를 삽입했다. 해당 QR코드를 휴대폰으로 스캔하면 아야빠 유튜브 채널로 넘어가 영상을 볼 수 있다. 단, 이 책에 나온 과정은 시공 방법을 조금 더 깔끔하게 정리한 것으로 기존 유튜브 영상과 다소 차이가 날 수 있다.

목차

PART 7 침실 BEDROOM

PART · 1

SELF INTERIOR

셀프 인테리어의 시작

CHAPTER
1

BASIC
KNOW-HOW
인테리어의 종류

나의 라이프스타일에 맞는 집을 꾸미겠노라고
결심했다면 우선 책상 앞에 앉는 것을 권한다.
섣불리 행동부터 하는 것은 절대 금지! 모든 도전은
사전 준비가 철저해야 실패할 확률이 줄어든다.
여기, 인테리어를 진행하는 몇 가지 방법이 있다.

1 | 턴키 인테리어

인테리어를 시작할 때 "그냥 편하게 턴키 업체에 맡겨!"라는 말을 들은 적이 있을 것이다. 여기에서 나오는 '턴키'란 '열쇠를 돌리면 모든 설비가 가동된다'라는 뜻으로 발주자가 선택한 인테리어 업체가 공사의 모든 것을 책임지는 방식을 말한다. 설계부터 디자인, 작업 스케줄, 시공까지 힘들고 어려운 일들을 업체가 도맡아 하기 때문에 발주자는 시공과 관련하여 신경 쓸 것이 없다는 게 턴키 인테리어의 가장 큰 장점이다. 반면에 모든 공정을 업체에 전적으로 맡기기 때문에 전체적인 인테리어 비용은 당연히 커질 수밖에 없다. 게다가 턴키 업체를 선정할 때 믿을 만한 곳인지 확인하기 어렵다는 것도 문제다. 대부분 시공 후기나 댓글을 보고 판단한 뒤 업체를 선정하는데, 최근에는 광고성 글이 부쩍 늘어나 좋은 업체를 찾아내는 것이 더욱더 어려워졌기 때문이다. 우여곡절 끝에 고르고 골라 괜찮은 업체를 선정했다고 해도 발주자의 의도와 업체의 이해가 다를 때 의사소통이 원활히 이루어지지 않는다. 이처럼 발주자와 턴키 업체 사장님의 취향이 다르고 소통이 순조롭지 않은 탓에 들인 돈에 비해 결과물이 실망스러운 경우도 생길 수 있다. 이를 막기 위해 발주자 본인이 인테리어 공부를 하고 명확한 콘셉트와 기준을 정한 후 턴키 업체와 미팅을 해야 한다. 대개의 문제는 미리 구체적으로 협의하지 않고 중간중간 즉흥적으로 만들어지는 상황 중에 발생한다. 여러 번의 미팅을 통해 확정된 디자인을 그대로 시공한다면 꽤 만족스러운 결과물을 얻어 낼 수 있을 것이다.

2 | 세미 셀프 인테리어

세미 셀프 인테리어의 핵심은 턴키 업체 사장님의 역할을 스스로 한다는 것에 있다. 그야말로 1인 인테리어 업체가 되어 시공해야 할 부분을 판단한 뒤 해당 분야의 전문 시공자를 찾아 직영 공사를 맡기는 것이 주된 내용이다. 턴키 인테리어가 '발주자 - 업체 - 시공자' 세 개의 단계를 거친다면 세미 셀프 인테리어는 '발주자 - 시공자' 단 두 개의 단계만 거치기 때문에 소요되는 비용을 줄일 수 있다. 시공자와 직접적으로 소통해 원하는 바를 빠르게 전달할 수 있다는 것도 장점이다. 하지만 그만큼 해야 할 일도 늘어난다. 전체적인 콘셉트를 정함과 동시에 실력 좋은 시공자를 직접 섭외해야 한다. 때로는 공사에 필요한 자재들을 직접 찾아야 하고 전체 일정을 계획하고 시공 현장을 수시로 확인해야 한다. 시공 과정 및 결과를 체크하는 것도 오롯이 본인 몫이다. 따라서 세미 셀프 인테리어는

인테리어 공사 전반에 관한 이해가 어느 정도 수반되어야 가능하다. 이 과정에서 이른바 '눈탱이'를 맞지 않기 위해 인테리어 공사의 과정과 구체적인 공정을 이해해야 한다. 인테리어에 무지한 상태에서 전문가를 부르게 되면 진짜 전문가가 아닌 사람을 만나거나 원래의 의도와 다른 상황에서 업자의 주장에 끌려다니는 상황이 발생할 수 있다. 시공자를 쓰지 않고 직접 할 수 있는 부분, 예를 들어 콘센트나 스위치 교체 및 조명 교체와 같은 것은 직접 해야 하는 경우도 발생한다.

3 | 셀프 인테리어

말 그대로 처음부터 끝까지 모든 과정을 스스로 해결하는 인테리어를 뜻한다. 별도로 작업자를 구하지 않고 철거부터 디자인 콘셉트 정리, 재료 구매, 본격적인 시공까지 직접 하는 것이 특징이다. 자신의 손으로 인테리어를 하니 별도의 인건비가 들지 않아 비용을 획기적으로 줄일 수 있는 것이 가장 큰 장점. 타인의 스케줄에 쫓기지 않고 여유롭게 작업을 진행할 수 있다는 것도 좋다. 이러한 부분 때문에 1인 가구 또는 신혼부부들이 두 팔을 걷어붙이고 셀프 인테리어에 도전하고 있다. 하지만 셀프 인테리어에도 단점은 분명 존재한다. 대표적인 것이 바로 시간. 전문 시공자의 손을 거치지 않으니 여유롭게 작업을 할 수 있다고 했지만, 반대로 말하면 인테리어 진행이 굉장히 더디게 이뤄질 수 있다는 것이다. 아무래도 숙련된 전문가가 아니다 보니 작업 시간이 오래 걸릴 수밖에 없다. 일반 시공자가 하루에 할 작업량을 셀프 인테리어로 진행하면 며칠씩 걸리는 경우도 많다. 혼자 한없이 작업하다 보면 내가 정말 비용을 아끼고 있는 게 맞는지 의문이 들 때도 더러 있다. 두 번째 단점은 작업의 퀄리티다. 다시 한 번 말하지만 셀프 인테리어에 도전하는 사람들은 전문가가 아니다. 인테리어에 처음 도전해 보는 사람이 부지기수다. 타고난 '금손'이 아닌 이상 시공 작업에 서툴 수밖에 없고, 결과적으로 인테리어 하자가 발생할 확률이 매우 높다. 상상과 다른 결과물을 붙들고 괜히 사서 고생했다며 한탄하게 될지도 모른다. 이러한 단점들에도 불구하고 셀프 인테리어에 도전하는 건 바로 성취감 때문이다. 내가 원하던 바가 내 손끝에서 그대로 실현되는 마법을 한 번 맛보게 되면 셀프 인테리어의 매력에서 빠져나올 수 없게 된다. 그러니 우선 셀프 인테리어를 취미 활동으로 도전해 보자. 시간과 마음의 여유를 갖고 한 가지 프로젝트를 찬찬히 준비한 다음 '결전의 날'을 맞이하는 것이다. 성공의 쾌감도, 실패의 쓰라린 경험도 즐거운 추억거리가 되리라 믿어 의심치 않는다.

CHAPTER
2

BASIC INTERIOR
인테리어 필수 도구

"결국은 도구가 일을 다 한다." 처음 셀프 인테리어를 공부하기
시작하면서 들었던 이 말이 아직도 머릿속을 떠나지 않는다.
그렇다. 무슨 일을 하든지 도구가 정말 중요하다. 특히 인테리어를
할 때 괜찮은 도구가 있느냐 없느냐에 따라 확연한 차이를 느낄 수
있다. 도구에 따라 작업 시간이 달라지고 결과물의 퀄리티가 달라지기
때문이다. 그렇다고 전문가처럼 비싼 장비를 구비할 필요는 없다.
효율적인 알짜배기 장비만 잘 골라 두면 충분하다. 지금부터
아야빠가 초보자들에게 꼭 필요한 도구를 소개한다.

✓ CHECK 1
기본 공구

1 | 드라이버

도구 중에 가장 기본이라고 할 수 있는 드라이버는 무언가를
조립하거나 해체할 때 나사를 조이고 푸는 데 사용한다. 나사
에 있는 홈에 딱 맞는 드라이버를 사용해야 수월하게 작업을
할 수 있다. 그 때문에 미리 종류별로 구비해 두는 것이 좋다.
이때 사용되는 드라이버의 크기 기호가 'PH'인데 작은 나사
에 이용되는 것일수록 숫자가 작고, 큰 나사에 이용되는 것일
수록 숫자가 크다. 십자와 일자 드라이버를 기본으로 두되 작
은 전자제품을 분해할 때 사용하는 PH0, PH00, PH1 그리고
조금 큰 제품을 위한 PH2 드라이버를 준비할 것을 추천한다.

2 | 노미 드라이버

일반적으로 일자 드라이버 용도로 사용하지만, 부착물 등을 떼어 낼 때 주로 사용한다. 손잡이 끝부분에 동그란 쇠가 부착
되어 있어 망치 등으로 두드려 힘을 주어도 파손의 우려가 없다.

3 | 렌치

단단히 고정된 볼트나 너트를 풀어내거나 반대로 꽉 조일 때 렌치가 필요하
다. 파이프 작업을 할 때도 렌치를 사용한다. 볼트나 너트의 크기에 따라, 용도
에 따라 파이프 렌치, 스패너 렌치, 육각 렌치, 소켓 렌치 등으로 다양하게 나
뉜다. 최근에는 다양한 상황에서 사용할 수 있도록 앞뒤로 모양이 다른 만능
렌치 제품도 많이 나오고 있으니 그중에서 선택하거나 가장 많이 사용되는
소켓 렌치 세트를 구매하는 것을 추천한다.

4 | 망치

어느 집이나 하나쯤은 꼭 있는 필수 도구. 단순히 벽에 액자나 거울을 걸 때도 망치는 있어야 한다. 무게나 소재에 따라 생각보다 다양한 제품이 있지만, 초보자가 사용하기에는 나무나 고무 재질로 되어 있고 무게가 약 500g 정도 나가는 기본 망치가 적당하다. 너무 크거나 무거운 망치는 사용하기 불편하니 되도록 피하는 것이 좋다.

5 | 플라이어

작은 가위처럼 생긴 플라이어는 주변에서 흔히 '펜치'라고도 불린다. 날 안쪽 부분에 작은 홈들이 패어 있어 효율적으로 작은 물건을 쥘 수 있다. 얇은 철사를 구부리고 절단할 때도 유용하게 사용된다.

6 | 스트리퍼

전선의 피복을 벗길 때 주로 사용하는 제품이다. 전문가들은 플라이어나 다목적가위를 주로 사용하지만, 초보자에겐 세밀하게 힘을 조절 하지 않아도 심선을 끊어 먹지 않고 피복을 벗길 수 있는 스트리퍼를 추천한다.

7 | 멍키스패너

볼트나 너트 등을 조일 때 사용하는 도구다. 정해진 치수가 있는 일반 스패너와 달리 입의 크기를 자유롭게 조절할 수 있다. 크기와 종류가 다양하나 가정용으로는 입이 40mm 이상 벌어지고 손잡이가 짧은 것을 추천한다.

8 | 톱

톱니를 가진 얇고 길쭉한 금속판이 달린 도구로 쇠붙이나 나무 등을 자를 때 주로 사용한다. 주변에서 흔히 볼 수 있는 톱으로 등대기톱, 양날톱, 실톱, 전기톱 등을 꼽을 수 있다. 이 중에서 초보자들은 등대기톱과 양날톱, 실톱을 주로 사용한다. 가장 기본 톱이라고 할 수 있는 등대기톱은 톱날이 흔들리지 않도록 등에 별도의 철물을 고정한 것이 특징이다. 그래서 정밀한 톱질이 가능하지만, 추가한 철물로 인해 톱질 시 깊이가 제한된다는 단점이 존재한다. 양날톱은 양쪽으로 날이 선 제품으로 주로 각목이나 커다란 목재를 자를 때 사용된다. 실톱은 D자 몸체에 가느다란 날이 달린 것으로 다른 톱들에 비해 가벼워 세밀한 작업을 할 때 유용하다.

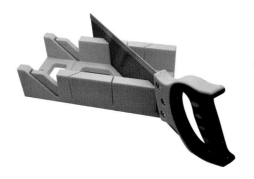

9 | 각도 톱질대

톱질을 더욱더 일정하게 할 수 있도록 도와주는 보조 제품이다. 각도 톱질대 자체에 직각 절단, 45도 절단, 사선 절단을 할 수 있는 틈이 있어서 그에 맞춰 톱질하면 끝! 일반적으로 12인치와 16인치 크기의 각도 톱질대가 있으며, 작업대에 고정한 뒤 사용한다.

10 | 커터 칼

커다란 물체의 절단은 톱으로 할 수 있지만, 미세한 작업은 힘들다. 그럴 때 커터 칼을 사용한다. 단순히 포장 박스를 풀 때도 사용할 수 있고 재료를 세심하게 자르거나 실리콘을 다듬는 등 다양한 용도로 사용할 수 있다.

11 | 줄자

시공할 공간의 정확한 치수를 측정하기 위해 필요한 제품이다. 시중에 다양한 길이의 제품이 판매되고 있지만, 일반 가정집에서 사용하기에는 약 5~9m 길이의 줄자면 충분하다.

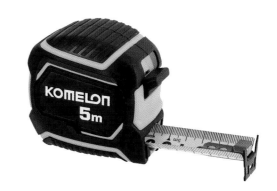

12 | 수평기

가정용 공구 세트에 빠지지 않고 포함되는 수평기는 말 그대로 바닥의 수평을 측정할 수 있는 도구다. 레이저 수평기부터 전자 수평기, 자석 수평기, 물 수평기 등 다양한 제품이 있는데, 이 중에서도 자석 수평기나 물 수평기가 일반 가정에서 사용하기 좋다.

13 | 스피드 스퀘어

쉽게 말하면 인테리어용 '삼각자'다. 재료를 자르기 전 길이를 재거나 직선을 그려야 할 때, 각도를 확인해야 할 때 반드시 필요하다. 스피드 스퀘어 외에도 알파벳 'T'의 모양을 한 티 스퀘어, 알파벳 'L'의 모양과 꼭 닮은 프레이밍 스퀘어가 유용하게 쓰인다.

14 | 사포

모래 알갱이가 붙어 있는 까칠한 종이나 천으로 거칠어진 나무 면을 정리하거나 페인트칠을 벗겨 낼 때, 잘라 낸 타일 면을 다듬을 때 사포가 필요하다. 사포의 거친 정도에 따라 '그릿'이라는 이름의 숫자가 붙는데, 숫자가 클수록 고운 사포고 숫자가 작을수록 거친 제품이다. 제멋대로 울퉁불퉁해진 표면을 다듬을 때는 80~100그릿의 거친 사포를 사용하고, 얇은 흠집을 없앨 용도로는 120그릿 정도의 것을, 나뭇결을 매끄럽게 다듬을 용도로는 220~250그릿 정도의 부드러운 사포를 사용한다. 작업 시 사포 홀더에 끼워 사용하면 훨씬 편리하다.

15 | 톱니 고대

욕실이나 주방에 타일을 부착할 때 타일 전용 본드를 바르거나 긁어낼 때 사용하는 제품이다. 크기가 톱니의 넓이에 따라 다양하게 나뉜다.

16 | 수성 사인펜 & 네임펜

공구 얘기하다가 갑자기 왜 펜이 등장하냐고 할 수도 있겠지만, 인테리어를 할 때 수성 사인펜과 네임펜은 없어서는 안 될 도구다. 무언가를 자르기 위해 위치를 잡거나 구멍을 뚫어야 할 때 펜으로 정확히 표시해야 하기 때문이다. 지워져도 상관없는 표식에는 수성 사인펜을 쓰고, 중요한 것을 표기할 때는 네임펜을 사용한다.

17 | 먹줄

'먹통'이라고도 부르는 먹줄은 아주 오래된 전통적인 공구 중 하나다. 작은 통 안에 기다란 실이 들어 있는데, 검은 먹물이 묻혀 있는 것이 특징이다. 실의 시작점에 달린 작은 바늘을 원하는 바닥이나 벽에 꽂고 팽팽하게 잡아당긴 뒤 원하는 위치에 손으로 튕겨 주면 해당 면에 먹물이 묻어 기준선을 쉽게 만들 수 있다. 먹줄 중에서는 먹물 대신 파우더 형식으로 된 제품도 있는데, 주로 나무에 기준선을 표시할 때 사용한다. 다만 사용 시 가루가 날리는 등의 단점이 있어 다른 작업 시에는 잘 사용하지 않는다.

18 | 절연 테이프

절연 테이프는 재질에 따라 비닐 테이프와 고무 테이프로 나뉜다. 비닐 테이프는 피복이 벗겨진 전선을 엮거나 여러 개의 전선을 하나로 뭉칠 때 누전 및 감전을 예방하기 위해 많이 사용된다. 비닐 테이프보다 밀착력이 좋은 고무 테이프는 지하실이나 욕실, 베란다 등 습기에 노출이 잘 되는 곳에서 전기 작업을 할 때 주로 사용한다.

19 | 조인트 테이프

벽면 크랙 보수가 필요할 때 사용되는 제품이다. 망사 형태의 접착식 테이프로 되어 있는데, 보수가 필요한 부위에 붙인 뒤 퍼티를 그 위에 바르고 페인트 처리를 하면 벽면을 더욱 매끄럽게 만들 수 있다. 주로 면적이 작은 부분에 사용된다.

20 | 한냉사 테이프

'아사'라는 면천 재질로 만든 테이프로 '아사 테이프'라고도 부른다. 석고보드나 합판, 패널 등의 이음새 부위를 처리할 때 사용한다. 한냉사 테이프를 쓸 때는 일반 퍼티에 목공용 본드를 섞어 사용하거나 아크릴 퍼티를 활용해야 한다. 간혹 이음새를 마무리할 때 한냉사 테이프 대신 조인트 테이프를 사용하는 경우가 많은데, 조인트 테이프를 쓰면 시간이 지날수록 금이 발생하기 때문에 이음새 부위에는 반드시 한냉사 테이프를 사용하는 것이 좋다.

21 | 핫 글루 & 글루건

불투명한 막대 형태로 되어 있는 제품으로 '글루건'이라
는 공구에 끼워 사용하는 것이 특징이다. 사용 방법이 쉽
고 간단해 다용도로 사용된다. 응고되는 시간도 매우 빠
르다. 접착력이 강한 편은 아니라 일시적으로 무언가를
붙이거나 가벼운 것을 접착할 때 사용한다. 셀프 인테리
어에서 실리콘과 함께 도포하여 실리콘이 굳기 전까지
대상물을 임시로 고정하기 위해 사용하기도 한다.

22 | 실리콘 & 실리콘건

금속부터 유리, 나무, 타일 등 여러 소재의 제품을 붙일 때 사용하는 대표적인 접착제다. 종류도 굉장히 다양해서 용도에
적합한 제품을 선택해 사용해야 한다. 가정에서는 무초산 실리콘을 가장 많이 사용하고 욕실이나 주방 등 곰팡이가 생길
수 있는 곳엔 바이오 실리콘을 쓴다. 실리콘 위에 바로 페인트칠을 해야 한다면 수성 실리콘을 사용하자. 다만 완전히 응고
되는 데 시간이 걸리니 사용 후 최대한 건들지 않도록 주의해야 한다.

✓ **CHECK 2**

안전 도구

1 | 귀마개

전동 공구를 활용한 작업 시 청력 보호를 위해 반드시 착용해야 한다. 이어플러그형과 헤드셋형으로 나눌 수 있는데, 본인에게 맞는 것을 선택하는 것이 좋다.

2 | 작업용 장갑

셀프 인테리어를 할 때 안전보다 더 중요한 것은 없다. 시공 과정에서 어쩔 수 없이 날카로운 도구를 많이 사용해야 하는 만큼 장갑을 꼭 착용해야 한다. 일반 면장갑도 좋지만, 손바닥 부분이 코팅되어 재료를 옮기거나 할 때 용이한 반 코팅 장갑을 구매하는 것을 추천한다. 다만, 톱니나 날카로운 날이 회전 및 왕복 운동하는 공구를 사용할 때는 장갑이 빨려들어갈 위험이 있기 때문에 오히려 장갑을 착용하지 않고 작업하는 편이 안전할 수 있으니 참고하자.

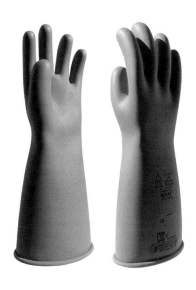

3 | 절연 장갑

전류가 계속 흐르는 전선을 잡을 때는 꼭 절연 장갑을 착용해야 한다. 일반 장갑과 달리 전류를 차단하는 기능이 있어 혹시 모를 사고에 대비할 수 있다. 누군가는 고무 코팅 장갑을 끼면 된다고도 말하지만, 이는 전혀 사실과 다르다. 오히려 굉장히 위험한 행동이다. 전문가가 아니라면 활선 상태의 작업은 되도록 피하는 것이 안전하다.

4 | 접이식 사다리

높은 곳에서 작업해야 할 때 접이식 사다리 없이 불가능하다. 체
중을 안전하게 지탱해야 하므로 되도록 두껍고 튼튼한 제품으로
선택하는 것이 좋다. 각도 조절이 용이하고 길이를 최대한으로
늘일 수 있는지 체크하는 것도 좋은 방법이다.

5 | 헤드 랜턴

전기 공사를 하기 전 차단기를 모두 내리고 진행하기 때문에 자연스럽게 실내가 어두워지기 마련이다. 게다가 전선은
천장 속이나 벽 속 구석진 곳에 있어 더욱더 보기 쉽지 않다. 이를 만회하기 위해 휴대폰 손전등을 켜고 작업하는 경우도
많은데, 그렇게 되면 한쪽 손을 사용할 수 없어 여간 불편한 것이 아니다. 그럴 때 사용하는 것이 바로 헤드 랜턴이다. 머
리에 둘러쓰기만 하면 훨씬 밝은 환경에서 작업할 수 있다. 두 손이 자유롭다는 것도 큰 장점!

6 | 안전 고글

금속이나 나무를 자르고 여러 화학 물질을 다뤄야
할 수도 있는 인테리어 작업을 할 때 안전 고글은
필수다. 간혹 귀찮다는 이유로 고글을 사용하지 않
고 작업하는 경우도 많은데, 미세한 조각들이나 페
인트와 같은 제품들이 눈에 들어갈 수 있으니 주의
해야 한다.

✓ CHECK 3
페인트 공구

1 | 페인트 프라이머

페인트 작업을 하기 전 대상의 표면에 먼저 펴 바르는 도장재다. 페인트 바를 대상의 표면을 매끄럽게 만들 뿐만 아니라 기본적으로 접착성이 강해 페인트가 잘 고정될 수 있도록 돕는다. 색상을 더욱더 선명하게 표현하는 효과도 있다. 간혹 프라이머를 바르지 않고 페인트칠을 하는 경우가 있는데, 더 깔끔한 결과물을 위해 웬만하면 프라이머를 먼저 바르고 시작하는 걸 권한다.

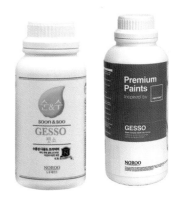

2 | 페인트 롤러

페인트칠을 할 때 다양한 도구를 사용해 바르는데, 그중 가장 많이들 쓰는 것이 바로 이 롤러다. 손잡이와 프레임 부분을 '롤러대', 페인트가 묻는 부분을 '롤러 커버'라 부른다. 리필용 롤러 커버를 별도로 구입할 수 있으며, 스펀지 재질과 양모(인조) 재질 등이 있다. 개인적으로 스펀지 소재로 된 롤러는 페인트가 잘 발리지 않아 사용하지 않는다. 양모 소재로 된 부드러운 느낌의 롤러가 작업하기 수월하다. 사이즈가 클수록 한 번에 넓은 면적을 칠할 수 있지만, 그에 따라 무거워지므로 작업자에 따라 힘들게 느낄 수도 있다.

3 | 페인트 트레이

페인트나 프라이머를 적당량 덜어 쓸 수 있도록 고안된 낮고 넓은 용기다. 셀프 인테리어에서는 여러 번 재사용해야 하므로 보통 비닐을 한 장 덧씌워 사용하는 것이 일반적이다.

4 | 페인트 캔 스파우트

페인트 캔 안쪽에 끼워 사용하는 것으로 페인트를 팔레트에 부을 때 캔 입구 주변에 묻어나지 않도록 도와준다. 작업 시 꼭 필요한 제품은 아니지만, 개인적으로 하나 준비하길 추천하고 싶다. 전문 업체와 달리 셀프 인테리어는 페인트 하나를 사서 여러 번 나눠 사용하는 경우가 많다. 캔 스파우트를 사용하면 깔끔하게 페인트를 보관하고 사용할 수 있다.

5 | 붓

페인트 작업 시 롤러로 미처 칠하지 못하는 좁은 구석을 붓으로 해결한다. 빠른 작업이 가능한 롤러와 달리 조금 시간이 걸리지만, 세밀한 작업이 가능해 페인트 작업에 없어서는 안 될 도구 중 하나다.

6 | 퍼티

접합제의 일종으로 판의 이음매, 요철 등에 발라 밑 작업을 해 주면 표면을 평평하게 만들 수 있다. 그뿐만 아니라 창틀에 유리판을 고정할 때도 요긴하게 사용된다. 용도에 따라 종류가 다양하다. 퍼티 작업은 일반적으로 '줄퍼티'와 '올퍼티' 두 가지로 나눌 수 있다. 줄퍼티는 이음새 위주로 퍼티를 시공하는 것을 뜻한다. 이름처럼 마치 하나의 줄이 형성된 듯한 모습을 나타낸다. 보통 퍼티를 바르고 앞에서 소개한 바 있는 조인트 테이프나 한냉사 테이프를 붙이는 것이 특징이다. 반면 올퍼티는 벽 전체에 퍼티를 바르는 것을 말한다. 울퉁불퉁한 벽면을 조금 더 깔끔하고 매끄럽게 만들 수 있어 유용하다.

7 | 유성 페인트 & 수성 페인트

인테리어 작업할 때 가장 많이 사용되는 재료 중 하나인 페인트는 성질에 따라 유성과 수성으로 나눌 수 있다. 수성 페인트는 이름에서도 알 수 있듯이 용제가 물이라 희석이 잘 되고 끈적거림이 적으며 발림성이 좋아 인테리어 초보자도 쉽게 다룰 수 있다. 페인트를 바를 곳에 습기가 조금 남아 있어도 도장이 가능하며, 유성 페인트보다 건조가 빨리 된다는 특징도 지니고 있다. 인체에 유해한 용제인 시너를 사용하지 않아 비교적 안전하다는 것도 장점 중 하나다. 다만 근본적으로 내수성과 내구성이 약해 쉽게 손상을 입는다는 점이 아쉬운 부분이다. 때문에 도장 이후 프라이머와 코팅 작업은 거의 필수로 해야 한다. 반대로 유성 페인트는 내수성과 내구성이 우수해 한 번 바르면 오랫동안 유지된다는 것이 가장 큰 장점이다. 실제로 옥상이나 베란다 등 쉽게 물이 고이는 곳에 방수 페인트로 유성 우레탄을 선호하기도 한다. 별도의 프라이머 작업이나 추가 코팅 작업 없이 깨끗하게 도장을 할 수 있다는 점도 눈에 띈다. 하지만 아쉽게도 시너가 함유되어 있어 냄새가 심하고 독해 어린아이가 있는 집에서 사용하기에는 부담스럽다. 건조 시간이 오래 걸린다는 것도 단점이다. 실내를 시공할 때는 웬만하면 수성 페인트를 사용하는 것을 추천하고, 현관 밖 외부 도장이나 금속, 플라스틱 등의 물체를 칠할 때는 유성 페인트를 사용하는 것이 좋다.

CHECK 4

작업 시간을
줄여 줄 도구

1 | 전동 드릴

크게는 유선 드릴과 충전식 드릴로 나뉘는데,
가정에서는 이동하기 쉽고 사용이 간편한 충전
식 드릴을 많이 사용하는 편이다. 드릴 홀더에 끼우는 날을 비트라고 부
르며, 가공하고자 하는 부재에 따라 목공용 비트와 콘크리트용 비트, 철
판용 비트, 드라이버 비트 등으로 구분한다. 충전식 드릴은 일반 드릴 외에도 전면 방
향으로 타격하며 구멍을 뚫는 해머 드릴과 회전하는 방향으로 타격하며 강한 토크를
내는 임팩 드릴 등이 있다. 비트를 잡아 주는 홀더는 모양에 따라 척(chuck) 방식, SDS
방식, 육각 홀더 방식 등으로 나뉜다. 일반 드릴에 가장 많이 사용하는 척 방식은 톱니
모양의 조임쇠(키, key)로 비트를 조여야 했지만, 최근 제작되는 충전 드릴은 키 없이
도 비트를 조일 수 있는 이른바 '키리스(keyless)' 방식을 주로 사용한다. 척 방식은 다
양한 사이즈의 원형 및 육각형 비트를 끼워 사용할 수 있다. 육각 홀더는 단일 직경의
육각형 모양의 비트만 사용 가능하며, SDS 방식은 SDS 전용 비트를 사용해야 한다. 셀
프 인테리어용으로 드릴을 하나 준비한다면 일반 드릴 중에서 해머 모드를 갖고 있는
제품을 추천한다. 필요에 따라 육각 홀더를 가진 임팩 드릴을 추가로 구비하면 된다.

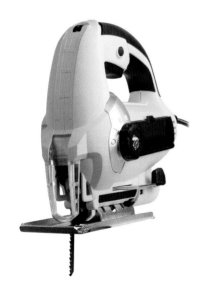

2 | 지그소

'직소' 또는 '지그소'라고 부르는 것으로 전기모터 동력을 이용해 톱날이
위아래로 직선 운동하도록 고안된 전동 공구다. 날은 필요에 따라 다양한
선택이 가능하며, 날의 종류에 따라 목재, 철판, 도기질 타일 등 다양한 재
료를 자를 수 있다. 날의 두께가 얇기 때문에 가공물을 곡선으로 재단할
때 특히 유용하다.

3 | 핸드 그라인더

지그소와 달리 회전운동을 하므로 원반 형태의 둥근 날을 사용한다. 유선 그라인더와 충전식 그라인더, 에어 그라인더 등으로 나눌 수 있다. 타일, 석재, 목재, 철근, 파이프 등 다양한 재료의 절단과 연마에 사용할 수 있도록 수많은 종류의 날이 있다. 날의 직경에 따라 3~10인치까지 여러 종류가 있는데, 셀프 인테리어에는 일반적으로 4인치 그라인더를 많이 사용한다. 작업을 원활하게 할 수 있도록 돕는 도구이긴 하지만, 워낙 빠르게 회전하는 데다 작업 시 손과 날이 가깝게 위치하는 경우가 많기 때문에 주의 깊은 사용이 요구된다.

4 | 컷쏘

일자형 톱날을 본체에 장착해 직선으로 움직이는 전동 공구다.
일반적으로 지그소보다 길고 두꺼운 전용 날을 끼워 사용한다.

5 | 전동 샌딩기

팔이 빠져라 사포질을 해도 원하는 만큼 표면이 매끄럽게 되지 않을 때가 많다. 그럴 때는 전동 샌딩기를 사용해 보자. 크기도 작은 편이라 별다른 힘을 들이지 않고도 쉽게 사포질을 마무리할 수 있다. 삼각, 사각, 원형 등 다양한 모양이 있다.

6 | 홀쏘 & 컵써클 커터

천장 매립형 다운라이트를 설치할 때 천장에 동그란 구멍을 뚫어야 하는데, 그럴 때 필요한 도구들이다. 홀쏘는 드릴 비트의 일종으로 동그란 원형에 톱날이 달려 있어 그 크기대로 구멍을 낼수 있는 것이 특징이다. 가격은 저렴하지만 제품마다 정해진 크기가 있다는 것이 문제. 예를 들어, 지름 10㎝ 구멍을 뚫기 위해 그에 맞는 홀쏘 하나를 샀다고 치자. 다음에 지름 15㎝ 구멍을 뚫기 위해서는 그 크기에 맞는 새로운 홀쏘를 또 사야한다. 이런 번거로움을 막기 위해 고안된 도구가 바로 컵써클 커터다. 지름의 크기를 자유자재로 조절해 원하는 구멍을 낼 수 있어 좋지만, 홀쏘보다 비싸다는 것이 단점이다.

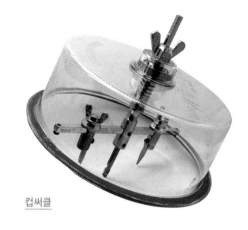

컵써클

홀쏘

7 | 전동 대패

본체에 달린 대패날로 목재를 얇게 깎아 내는 기계를 말한다. 전동 대패와 샌딩기를 혼동하는 경우가 많은데, 샌딩기는 목재의 겉면을 갈아 내는 것이고 전동 대패는 목재를 깎는다는 것에서 차이가 있다.

8 | 원형톱

주로 원목이나 합판을 직선으로 자를 때 사용하는 전동 공구로 빠르고 편리하게 단면을 절단할 수 있다. 5~7인치 크기의 목공전용톱날을 기기에 끼우고 사용한다. 사이즈나 형식에 따라 유선과 무선 제품으로 나눌 수 있는데, 가정에서는 콤팩트한 크기로 작업하기 용이한 무선 제품을 많이 선호하는 편이다.

9 | 에어컴프레서

우리말로 '공기 압축기'라고도 불리는 에어컴프레서는 쉽게 말해 공기를 압축하여 고압의 공기를 만드는 기계라고 할 수 있다. 그렇게 만든 공기의 힘으로 컴프레서에 연결된 공구를 작동시킨다. 네일 타카, 페인트 분사기는 물론 렌치까지 여러 공구를 연결해 사용한다.

10 | 타카

원목이나 합판, 플라스틱 등 무언가를 고정해야 할 때 철제 심을 박도록 돕는 제품이다. 에어 타카가 주로 쓰이나 에어컴프레서 없이 사용할 수 있는 전동 타카도 있다. 제품마다 사용할 수 있는 타카핀의 모양과 크기가 정해져 있고 타카핀도 목적에 따라 콘크리트용이나 목공용 등으로 나뉜다. 'ㄷ'자 심을 사용할 수 있는 타카도 있다.

11 | 멀티툴

날이 진동 운동하는 전동 공구다. 이름처럼 용도에 따라 여러 형태의 목적으로 사용 가능하다. 전용 톱날을 끼우면 나무나 금속 등을 자를 수 있고, 샌딩 패드를 끼워 사포질도 할 수 있다. 진동으로 자르기 때문에 두껍거나 넓은 면적은 자르기 힘들다. 게다가 샌딩기로 사용하기도 불편하여 개인적으로는 생각만큼 잘 쓰지 않는 도구다.

도구,
꼭 사서 써야만 하는 걸까?

가격이 비교적 저렴한 수동 공구보다 전동 공구는 한 번의
작업을 위해 구매하기가 부담스러울 정도로 가격이 높은
경우가 많다. 그럴 때 꼭 공구를 구매하기보다는 대여하는 것도
알아보자. 전문가가 직접 관리한 품질 좋은 공구들을 원하는
기간만큼 저렴한 가격에 빌릴 수 있다는 것이 공구 대여의 가장
큰 장점이다. 공구를 빌릴 수 있는 곳은 다음과 같다.

동네 철물점   모든 철물점이 가능한 것은 아니지만 종종 철물점에서도 공구를 저렴한 가격에 대여해 주기도 한다. 집 근처 철물점에 미리 전화해 보고 원하는 공구를 대여할 수 있는지 알아보자. 아무래도 동네에서 운영하는 철물점이라 시간만 되면 언제든지 공구를 빌릴 수 있어 좋다.

인터넷 대여 사이트   '공구 대여'라는 키워드를 인터넷에 검색하면 수많은 대여 사이트가 나온다. 원하는 도구를 쉽게 찾을 수 있고 대여 금액도 바로 알 수 있어 좋다. 단, 빌리기로 한 공구를 택배로 받아야 하기 때문에 사용할 날짜에 맞추어 미리 빌려 둬야 한다는 단점이 있다. 배송비가 추가로 들 수 있다는 것도 아쉬운 점 중 하나다.

주민센터 · 도서관   일부 지역의 주민센터나 도서관에서도 공구를 빌려준다. 철물점이나 인터넷 대여 사이트보다 훨씬 저렴한 가격 또는 무료로 공구를 빌릴 수 있다는 것이 가장 큰 장점. 하지만 구비되어 있는 장비들이 적어서 원하는 것을 구하지 못할 확률도 높다.

CHAPTER
3

PREPARATION
BEFORE INTERIOR

인테리어 시공 전 준비 과정

인테리어 초보자들이 가장 많이 하는 실수가 바로
명확한 기준 없이 무작정 인테리어 작업에 돌입하는 것이다.
그러다 보니 중간 단계쯤 되면 갈 길을 잃고 방황할 수밖에 없다.
시공 방법에 대해서는 하루에도 수십 번 고민하며 헤매고,
자재를 선택할 때도 뭘 골라야 할지 몰라 갈팡질팡한다.
이런 상황이 반복되면 아까운 시간만 흐를 뿐이다.
인테리어 시공 전 준비 과정이 필요한 이유다.

Step 1
인테리어 스타일 정하기

조금 더 빠르고 정확한 인테리어 시공을 하기 위해서는 가장 먼저 자신이 원하는 스타일을 확고하게 정할 필요가 있다. 내가 좋아하는 스타일을 찾기 위해서는 다른 사람들의 인테리어를 찾아보는 것이 먼저다. 아는 만큼 보인다고 하지 않는가? 100가지 스타일을 아는 사람은 그중에서 자신에게 맞는 스타일을 찾지만, 10개의 스타일을 아는 사람은 겨우 10개에서 자신의 것을 찾는다. 우선 인테리어 사이트나 인테리어 관련 유튜브 영상, 블로그, 매거진 등을 두루 살펴보자. 시간적 여유가 된다면 이케아 같은 오프라인 매장 쇼룸에서 전문가의 콘셉트를 참고하는 것도 좋은 방법이다. 셀프 인테리어에서 흔히 하는 실수는 오랜 시간을 두고 집 안의 여러 부분을 바꾸기 때문에 전체적인 통일감이 결여된다는 것이다. 그때그때 트렌드를 따라가는 것보다 전체적인 콘셉트를 미리 염두에 두고 일관된 디자인 코드로 셀프 인테리어를 진행하는 것이 더 좋은 결과를 얻는 방법이다.

Step 2
우선순위 정하기

자신이 좋아하는 스타일을 찾고 어떤 인테리어 시공을 할지 명확하게 정했다면 이제는 조금 더 디테일하게 공부를 할 때다. 하나의 시공만 한다면 문제가 없지만 두세 개의 시공을 마음먹었다면 한 개씩 차근차근 공부하는 게 좋다. 예를 들어, 도배 및 장판 교체와 욕실 리모델링을 목표로 삼았다고 치자. 그렇다면 두 개를 동시에 공부하기보다는 우선순위를 정한 뒤 차근차근 해 나가는 것을 추천한다. 초보자인 만큼 여러 정보를 한꺼번에 받아들이는 것보다 하나씩 받아들이는 것이 실수를 훨씬 줄일 수 있는 방법이기 때문이다. 그렇게 우선순위를 정한 뒤 해당 분야에 대해 최대한 많이 알아보고 공부한다면 만족스러운 결과물을 얻어 낼 수 있을 것이다.

Step 3
시공 방법 연구하기

인테리어 작업을 해 본 경험이 없는 상태에서 셀프 인테리어를 진행하게 되면 재료를 구매하는 단계에서부터 많은 시행착오를 겪게 된다. 눈에 보이는 재료는 쉽게 파악할 수 있지만, 보이지 않는 재료나 시공 방법을 간과하기 쉽기 때문이다.

나 또한 그런 어려움을 겪었는데, 특히 마감 처리 부분에서 골머리를 앓기 일쑤였다. 서로 다른 재료가 만나는 경계, 바닥과 벽, 천장이 서로 만나는 경계를 어떻게 마감해야 하는지 구체적인 계획 없이 일을 시작했다가 낭패를 보기도 했다. 눈에 쉽게 보이지 않는 이 부분에 어떤 재료를 추가해야 하고, 어떤 시공을 해야 할지 알 도리가 없었다. 이를 제대로 처리하지 못하면 결과물의 완성도가 떨어진다는 걸 아주 나중에 알게 되었다. 그러니 무턱대고 먼저 눈에 보이는 시공 재료만 사서 시공할 것이 아니라 경계부의 구조를 파악하고 추가로 구매해야 할 것들은 없는지, 별도로 어떤 시공을 해야 하는지 연구해야 한다.

Step 4
자재를 구매하며
정보 얻기

최근에는 인테리어 자재 관련 사이트가 많이 늘어나서 손쉽게 원하는 것을 구매할 수 있다. 하지만 나는 되도록 도구가 아닌 자재의 경우 온라인보다 오프라인에서 구매하는 편이다. 온라인에서 사면 시중가보다 저렴하게 구매가 가능하지만, 크기나 무게에 따라 배송비가 과하게 붙을 수 있기 때문이다.

배송비 외에도 자재를 오프라인에서 구매할 이유가 존재한다. 작업 방법이나 노하우 등 실질적인 정보를 얻을 수 있기 때문이다. 기본적으로 자재를 판매하는 사장님들은 해당 분야의 전문가이거나 전문가를 상대할 만큼 관련 분야에 대한 많은 지식을 갖고 있다. 붐비지 않는 시간대에 자재를 구매하면서 평소 궁금했던 것들을 조심스럽게 여쭤보면 사장님들은 흔쾌히 자신이 알고 있는 지식을 전수해 주신다. 온라인과 오프라인의 가격 차이가 조금 난다고 해도 무엇보다 값진 정보를 얻을 수 있으니 남는 장사가 아니겠는가.

Step 5
시공 전 연습하기

인테리어 시공 중 미리 연습할 수 있는 작업들이 분명 존재한다. 예를 들어, 타일과 도배, 페인트 작업이 그렇다. 본격적인 시공에 앞서 MDF판이나 연습용으로 사용해도 무방한 빈 공간에 미리 연습을 해 보는 것이다. 프라이머도 한 번 발라 보고 붓질도 해 보자. 타일을 바닥에 접착하기 전에 한 번 나열해 보고 추가로 필요한 작업이나 재료가 없는지 생각해 보자. 그렇게 미리 연습을 하다 보면 잘못 알고 있던 시공법도 발견하게 되고 자신감도 붙어 실전에서는 훨씬 더 수월하게 작업할 수 있을 것이다.

초보자들을 위한
꿀팁 가득 인테리어 사이트

셀프 인테리어를 어떻게 시작해야 할지 몰라 망설인다면
여기를 주목하자! 인테리어 정보부터 자재 구매까지
두루두루 할 수 있는 알짜배기 인테리어 사이트를 모아 봤다.

핀터레스트 & 게티이미지

인테리어 아이디어를 얻을 때 주로 찾는 사이트다. 주제별로 다양한 이미지를 찾을 수 있으며 비슷한 연관 이미지를 찾아 주기 때문에 빠르게 정보를 획득할 수 있다. 검색 이미지 저장이 가능하므로 인테리어 아이디어를 모으기 편리하다.

웹사이트 주소: www.pinterest.co.kr / mbdrive.gettyimageskorea.com

오늘의 집

인테리어 사이트 중 가장 대표급이라고 할 수 있다. 전문가는 물론 일반인들의 인테리어 사례를 직접 볼 수 있는 기본 중의 기본이 되는 사이트다. 인테리어 사진 중 마음에 드는 제품을 클릭하면 어떤 브랜드의 어떤 제품인지 친절하게 소개해 많은 이들의 눈길을 끌고 있다. 그뿐만 아니라 가구부터 소품, 가전, 생필품, 심지어 스위치나 콘센트 등과 같은 자재까지 구매할 수 있다.

웹사이트 주소: ohou.se

집꾸미기

인테리어 정보 공유 플랫폼을 표방하는 사이트로 유튜브 '집꾸미기' 채널로 더 유명하다. 다양한 사람들의 라이프스타일에 맞춰 각기 다른 인테리어를 선보여 입소문을 탔다. 유튜브 채널 외에도 사이트에서도 다양한 시공 사례를 볼 수 있고, 오늘의 집과 마찬가지로 여러 가지 소품과 가구, 시공 자재들을 구매할 수 있다.

웹사이트 주소: www.ggumim.co.kr

문고리 닷컴

인테리어에 필요한 대부분의 자재를 한 번에 만나 볼 수 있는 사이트. 손잡이부터 철물, 페인트, 전기조명, 타일, 장판, 벽지까지 웬만한 것들은 다 있다고 해도 무방하다. 오프라인 매장보다 할인된 가격으로 구매할 수 있다는 것이 가장 큰 장점! 최근에는 부천, 을지로, 송파 등 오프라인 매장도 오픈해 접근성이 훨씬 더 용이해졌다.

웹사이트 주소: www.moongori.com

꿈꾸는 하우스

줄눈이나 코팅제, 보수제 등에 특화된 종합쇼핑몰이다. 일반인들이 사용할 수 있는 제품부터 초보자들을 위한 DIY 세트, 전문가들을 위한 제품까지 두루 갖추고 있다. 그 외에도 공구 및 부자재들도 만나 볼 수 있지만, 제품군이 많은 편은 아니다. 하지만 줄눈 관련해서는 웬만한 자재들을 모두 모아 두었으니 줄눈 시공 전 관심 있게 살펴 두면 좋다.

웹사이트 주소: ggumhaus.com

큐브 프레임

MDF, 파이클보드 등 인테리어에 필요한 DIY 보드를 구매할 수 있는 곳이다. 원하는 크기와 수량만큼 맞춤 재단해 구매할 수 있어 최근 입소문을 타고 있다. 합리적인 가격도 장점 중 하나. 다만 보드 특성상 용달로 배송하는데, 집안까지 기사님이 제품을 옮겨 주지 않으므로 스스로 운반해야 한다. 모니터로 제품을 보기 때문에 예상했던 것과 실물이 조금 다를 수도 있다는 것도 단점이다. 하지만 차가 없어 이동하기 어렵거나 시간이 없는 사람들이 간편하게 DIY 보드를 구매할 수 있다는 점에서 눈여겨볼 만하다.

웹사이트 주소: www.cubeframe.co.kr

시공 전 필수!
공사 동의서 받기

전자동 도구를 사용해야 하는 인테리어 시공의 경우 어쩔 수 없이
커다란 소음이 발생하기 마련이다. 단독 주택이라면 별다른 고민 없이
바로 작업을 시작하겠지만, 아파트나 빌라와 같은 공동주택에서라면
이야기가 달라진다. 인테리어 시공으로 인해 발생하는 소음이나 먼지 등으로
이웃 주민들에게 피해를 줄 수 있으니, 미리 공사 동의서를 받아야 한다.

**❶ 동의서 서명
비율 확인하기**

공사 동의서를 받을 때 어떤 곳에 사느냐에 따라 서명 비율이 달라진다. 어떤 곳은 윗집, 아랫집, 옆집에만 사인을 받으면 되기도 하고, 또 어떤 곳은 해당 동의 50~60% 가구의 허락을 받아야 할 때도 있다. 자신이 사는 집의 경우 동의서 서명 비율이 어느 정도인지 관리사무소나 동대표에게 물어보는 것이 좋다.

**❷ 공사 동의서
서명 받기**

턴키 업체에 인테리어를 맡기는 경우 업체에서 공사 동의서 사인까지 받아 주지만, 셀프 인테리어는 모든 것을 직접 다 해야 한다. 이 말은 즉, 공사 동의서까지도 스스로 작성해야 한다는 것. 다행스럽게도 인터넷에 '공사 동의서'라고 검색하면 다양한 양식이 나오니 그중 하나를 선택해 만들면 된다. 공사 동의서를 만든 후 사인을 받으러 다닐 때 감사 인사로 음료수나 간식 선물을 함께 들고 간다면 더욱더 쉽게 사인을 받을 수 있을 것이다.

**❸ 공사 안내문
부착하기**

공사 동의서 서명을 모두 받았다면 해당 문서를 관리사무소나 빌라 동대표에게 전달한 뒤 엘리베이터나 복도에 시공 일자가 적힌 공사 안내문을 부착해야 한다. 이 또한 인터넷에서 검색하면 양식이 나오니 그중 하나를 선택해 만들면 된다.

**❹ 엘리베이터
보양 작업하기**

엘리베이터가 없는 빌라의 경우 해당 작업이 필요 없지만, 엘리베이터로 물건을 날라야 하는 아파트라면 반드시 별도의 보양 작업을 해야 한다. 타일이나 나무 등 커다란 자재들을 이동시키다가 발생할 수 있는 스크래치를 사전에 막기 위함이다. 자투리 장판이나 두꺼운 박스 등을 사용해 보양하면 큰 문제 없이 셀프 인테리어를 시작할 수 있을 것이다.

PART · 2

ELECTRIC WORK

전기 공사

CHAPTER
1

BASIC
KNOW-HOW
기본 상식

'적을 알고 나를 알아야 백전백승'이라는 말이 있다.
전기 공사를 할 때도 마찬가지다. 복잡한 전선에 눈이 팽팽
돌겠지만, 차근차근 배우고 알아간다면 어려울 것 하나 없다.
셀프 인테리어 입문자를 위한 전기 공사 기본 상식을
함께 살펴보자.

1 | 직류(DC)와 교류(AC)

전기가 흐르는 방식은 크게 직류(DC)와 교류(AC)로 나눌 수 있다. 직류는 말 그대로 전류가 일정한 방향과 크기로 흐르는 것을 말한다. 그렇기 때문에 전류를 연결하는 방향이 매우 중요하다. 우리가 주변에서 흔히 보는 USB 타입의 선을 지닌 기기들이 직류 방식으로 되어 있다고 보면 된다. 실제로 USB 선을 꽂을 때 반드시 정해진 방향으로 꽂아야 한다는 것을 떠올리면 이해하기 쉽다. 반대로 교류는 시간의 흐름에 따라 전류의 크기와 방향이 계속 변하는 것을 뜻한다. 그렇기 때문에 직류와 달리 특정 방향을 유지할 필요가 없다. 우리나라 가정은 보통 교류(AC) 220V를 사용하는데, 콘센트에 플러그를 꽂을 때 어떤 방향으로 향하든 상관없이 기기가 작동되는 것을 알 수 있을 것이다.

2 | 멀티테스터

직류(DC)와 교류(AC)의 전압과 저항 등을 확인할 수 있는 계측 장비. 제품에 따라 아날로그 방식과 디지털 방식으로 나뉘는데, 디지털 방식이 조금 더 사용하기 편하다.

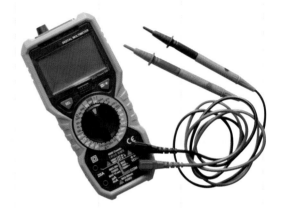

3 | 차단기

조명이나 온도 등 전력 회로 제어용 스위치가 있는 패널을 한데 모아 놓은 것을 뜻한다. '분전반'이라고도 하며, 흔히들 말하는 '두꺼비집'에 차단기가 들어 있다. 차단기는 일반적으로 메인 차단기와 전등, 전열, 에어컨 차단기 등으로 나누어져 있다. 메인 차단기는 말 그대로 전체적으로 공급되는 전기를 총괄하는 것이고, 전등이나 전열, 에어컨 차단기 등은 해당 전선이 이어져 있는 것들만 컨트롤할 수 있는 것이 특징이다. 간혹 조명 회로에 콘센트를 설치하여 전열 기구를 연결하거나 반대로 전열 회로에 조명기구를 설치하는 경우도 있다. 그 자체로 전기적인 문제가 발생하는 것은 아니나, 혼동이 생기기 쉽고 부주의로 인한 사고 위험이 있으니 가급적 차단기별 원래 목적을 지켜 사용할 것을 권장한다. 또한, 전기 작업을 할 때는 반드시 가장 먼저 차단기를 내려야 한다. 그래야만 혹시 모를 전기 사고를 예방할 수 있으니 잊지 말자.

4 | 접지선

전기 회로 일부를 땅에 매설된 접지봉이나 접지판 등과 이어지게 하는 전선으로 스위치를 교체할 때 흔히 발견할 수 있다. 접지선의 주된 목적은 바로 감전 사고를 방지하는 것! 예기치 못한 상황에서 누설전류가 발생할 경우 접지선이 있으면 일반적으로 전류는 저항이 가장 적은 접지선으로 흘러 땅으로 향하게 되고, 이로 인해 전자 제품이 망가지거나 사람이 다치는 것을 막게 된다. 대지전압이 150V 이상인 경우 필수적으로 접지를 사용하는데, 과거 110V를 사용하던 때는 접지선을 사용하지 않고 그대로 전기를 공급하기도 했다. 구형 아파트나 오래된 주택에서 이러한 모습이 종종 발견되기도 한다. 하지만 지금은 모든 곳에서 220V를 공급하고 있으니 규정에 따라 접지선을 사용해야 한다. 구형 아파트나 오래된 주택의 리모델링을 할 때 다시 배선 공사를 해 접지선을 설치해야 하는 이유다.

5 | 단선 & 연선

흔히 사용하는 전선은 단선과 연선, 두 가지로 분류할 수 있다. 단선은 전선의 피복을 벗겨 내었을 때 하나의 구리 심선으로 되어 있는 것을 말하며 전선의 성질에 따라 IV전선, HIV전선, HFIX전선 등으로 나뉜다. 예전에는 '내열 비닐 절연 전선'이라고도 불리는 HIV전선을 주로 사용했지만, 현재는 IEC 국제규격이 도입되면서 HFIX전선을 주로 사용한다. 단선은 보통 건물 내부의 교류 전원을 공급하는 라인을 깔 때 사용한다. 쉽게 말해 벽 안에 매입된 스위치나 콘센트를 연결할 때 사용하는 전선들이 단선으로 이루어져 있다. 구부림이 좋고 유연하지만, 연선에 비하면 저항감이 있는 편이다. 반대로 연선은 피복 안에 여러 가닥의 구리선으로 이루어진 것을 뜻한다. 이 하나하나의 구리선들을 '소선'이라고 하는데, 부드럽고 저항감도 적어서 쉽게 구부러지고 꼬아서 작업하기에도 편하다. 우리가 보통 가전제품에 사용하는 전선들이 연선으로 되어 있다.

6 | 상선 & 중성선

아파트나 주택 지하에 있는 전기실에서 넘어와 차단기를 지나 조인트 박스까지 뻗어 나오는 두 개의 전선이 존재한다. 그중 하나는 흔히들 '상선'이라고 부르며 '핫라인', '전원선', 'HOT 선'이라고 일컬어지기도 하지만 모두 같은 말이다. 상선은 전류가 항상 존재하는 것이 특징이며, 일반적으로 바로 전자 제품으로 이어지지 않고 스위치 박스를 거쳤다가 넘어가게 되어 있다. 만약 상선이 조명과 같은 제품에 바로 이어질 경우 전원 버튼의 ON/OFF 여부와 상관없이 항상 전기가 통할 준비가 되어 있어 전류 누설의 위험이 커지니 주의하자. 나머지 선은 '중성선'이라고 하는데, 'NEUTRAL 선', 'N상'이라고도 부른다. 중성선은 말 그대로 항상 중성 상태로 있으며, 스위치 박스를 거치지 않고 바로 조명과 연결된다. 이 두 개의 선은 조인트 박스에서 가지를 쳐서 다른 스위치나 조명을 달아야 하는 공간까지 넘어가기도 한다.

7 | 전선 커넥터

개별 전선을 하나로 이어질 수 있도록 하는 부품. 전등의 회로를 증설할 때 주로 많이 사용된다.

8 | 콘센트

실내에서 전자 제품을 사용하기 위해 배선에 연결하여 플러그를 꽂는 접속 기구를 뜻한다. 보통 1~4개의 접속구가 있는 제품을 많이 사용한다. 콘센트를 설치할 벽에는 세 가닥의 전선이 나와 있는데, 하나는 접지선이고 나머지 두 개는 전원선이다. 일반적으로 콘센트 뒷면 가운데에 접지선을 연결하고 전원선을 양옆에 꽂는 방식을 사용한다. 간혹 접지가 없는 콘센트도 있지만, 안전을 위해 접지 단자가 있는 콘센트를 찾아 사용하자.

9 | 조인트 박스

조명이 설치될 천장 구멍 안쪽을 자세히 살펴보면 매립된 박스가 보이는데, 이것을 '조인트 박스'라고 한다. 차단기에서 오는 전기가 천장까지 갈 수 있도록 벽 속에 관을 묻은 뒤 전선을 보내 조인트 박스로 갈무리한다.

10 | 스위치

차단기에서 조명까지 이어지는 전기를 차단하거나 공급하는 전원 역할을 한다. 조명의 수와 전선에 따라 버튼이 1개인 1구 스위치부터 버튼이 6개인 6구 스위치까지 다양한 제품으로 나누어져 있다. 스위치 뒷면에는 차단기에서 뻗어 나온 전선인 상선과 조명으로 이어질 전선인 조명선을 연결할 수 있는 구멍이 왼쪽, 오른쪽에 각각 2개씩 위치한다. 1구 스위치일 경우 구멍의 좌우 상관없이 아무 곳에나 상선과 조명선을 연결해도 되지만, 2구 스위치부터는 상선이 들어온 쪽에 점프선을 꽂아 조명을 배치할 것을 고려하여 조명선을 차례대로 꽂는 것이 좋다.

11 | 점프선

버튼이 2개 이상인 스위치부터는 차단기에서 흘러나오는 전기를 나눠 가져야 한다. 문제는 차단기에서 바로 뻗어 나오는 전선이 하나라는 것. 그때 각각 버튼에 전기를 나누기 위해 '점프선'을 사용한다. 차단기에서 나온 상선을 왼쪽 맨 위에 있는 구멍에 결합한 뒤 바로 아래에 있는 구멍과 두 번째 버튼 맨 위쪽 구멍에 점프선을 꽂아 전기가 고루 통하도록 하는 것이다. 2구 이상인 스위치에서도 같은 방법으로 사용한다. 간혹 점프선이 내장되어있는 스위치도 있다.

실내조명 기본 구조

인테리어 초보자라면 반드시 알아야 하는 것이 있으니, 바로 실내조명 기본 구조다. 차단기에서 온 전선이 조명과 스위치로 어떻게 이어져 있는지만 파악하면 그다음 과정은 쉽게 진행할 수 있다. 기본 구조는 다음과 같다.

> **차단기 - 중성선 & 상선 - 조인트 박스 - 스위치 - 또 다른 조인트 박스**

차단기에서 뻗어 나온 중성선과 상선은 벽 속에 묻어 둔 관을 타고 천장에 있는 조인트 박스로 이어진다. 그 자리에서 조명과 바로 이어지기도 하며, 더 뻗어 나가 또 다른 조명을 달아야 하는 조인트 박스와 연결되기도 한다. 이때, 두 개의 전선 중 중성선만 조명과 바로 이어지고 나머지 하나인 상선은 벽에 있는 스위치 박스로 내려가 연결되었다가 다시 올라와 조명과 연결된다. 이것이 실내조명의 기본 구조다.

CHAPTER
2

BASIC
WORK
기본 공사

기본 상식을 갖추고 장비까지 구비해 두었다면
이제는 실전이다. 셀프 인테리어 입문자라면 꼭 한 번
도전해 봐야 할 기본 공사 방법들을 모두 모았다.
한 번 보면 누구나 쉽게 따라 할 수 있는 기본 공사 노하우,
지금 살펴보자!

✓ CHECK 1

스위치 교체하기

준비물   일자 드라이버, 스위치

주의사항   · 전기 작업을 할 때는 안전을 위해 절연 장갑을 착용한다.

            · 작업 전 차단기를 반드시 내리고 스위치를 다시 눌러 보거나
              멀티테스터를 활용해 전원이 확실히 차단되었는지 확인한다.

            · 공용 공간이라면 작업 중 타인이 차단기를 올리지 않도록
              주의한다.

Step 1 스위치 분리하기

01

벽에 설치된 스위치 가장자리에 일자 드라이버를 살짝 밀어 넣어 커버 플레이트를 분리한다.

02

스위치 박스에 고정된 나사를 드라이버로 풀어 준 뒤 스위치를 벽에서 떼어 낸다.

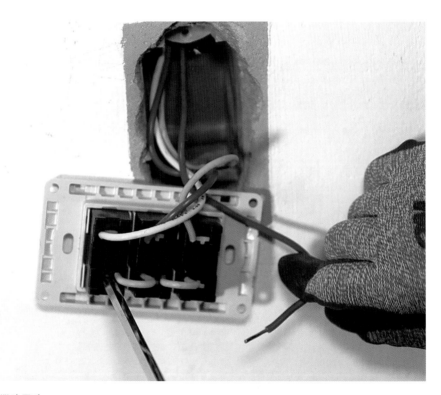

03

스위치에 연결된 전선을 뽑아 준다.

Tip! 스위치에 연결된 전선 옆에 기다란 홈이 있다. 그 부분을 일자 드라이버로 꾹 누른 상태에서 전선을 잡아 빼는 것이 포인트! 간혹 전선을 빼는 방식이 다른 스위치도 있다.

Step 2 새 스위치 연결하기

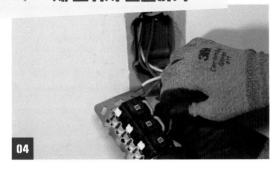

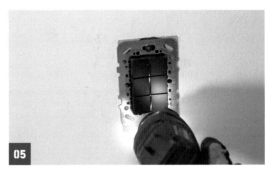

04 미리 준비한 새 스위치에 기존의 스위치와 동일한 장소에 전선을 각각 꽂는다.

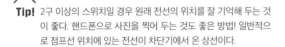
Tip! 2구 이상의 스위치일 경우 원래 전선의 위치를 잘 기억해 두는 것이 좋다. 핸드폰으로 사진을 찍어 두는 것도 좋은 방법! 일반적으로 점프선 위치에 있는 전선이 차단기에서 온 상선이다.

05 전선을 결합한 스위치를 다시 벽에 넣고 나사로 단단히 고정한다.

06 스위치 커버 플레이트를 깔끔하게 끼워 주면 완성!

✓ CHECK 2

콘센트 교체하기

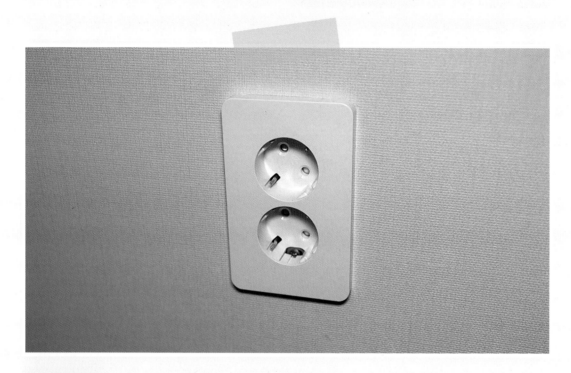

준비물 일자 드라이버, 펜치, 콘센트, 전동 드릴

주의사항 · 전기 작업을 할 때는 안전을 위해 절연 장갑을 착용한다.

· 작업 전 차단기를 반드시 내리고 멀티테스터를 활용해 전원이 확실히 차단되었는지 확인한다.

· 공용 공간이라면 작업 중 타인이 차단기를 올리지 않도록 주의한다.

Step 1 콘센트 분리하기

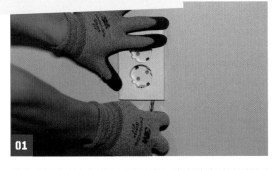

콘센트 아랫부분에 일자 드라이버를 살짝 밀어 넣어 커버를 분리한다.

벽에 고정된 나사를 드라이버로 풀어 준 뒤 콘센트를 빼낸다.

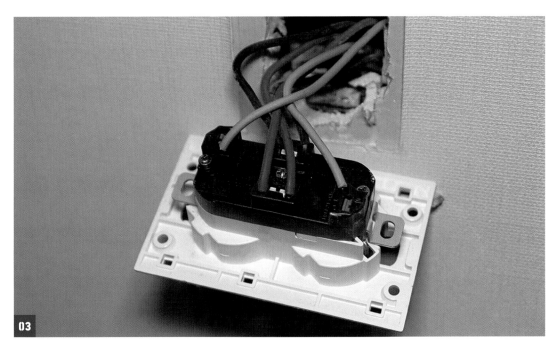

콘센트와 결합된 두 가지 색의 전선과 초록색 접지선을 뽑아 준다.

Tip! 콘센트 본체에 연결된 전선 옆에 기다란 흰색 버튼이 있다. 그 부분을 일자 드라이버로 꾹 누른 상태에서 전선을 잡아 빼는 것이 포인트.

Tip! 접지 부분이 나사식으로 되어 있는 제품은 나사를 풀어 분리한다. 보통 접지선은 초록색을 사용하지만, 아닌 경우도 있으니 선 색깔을 꼭 기억해야 한다. 사진을 찍는 것도 좋은 방법이다.

Step 2 새 콘센트 연결하기

04

05

새로 준비한 콘센트에 접지선을 연결해 주고 나머지 전선도 꽂아 연결한다.

전선을 당겨 보고 빠지지 않는지 확인한다.

Tip! 접지선을 제외한 다른 전선들은 색깔에 맞춰 각각 다른 편에 꽂아 줘야 한다.

06

전선을 모두 연결한 콘센트를 다시 벽에 밀어 넣은 뒤 드라이버로 나사를 잘 고정한다.

07

마지막으로 커버를 씌워 마무리한다.

✓ CHECK 3
조명 교체하기

준비물 드라이버, 커팅 플라이어, 펜치, 조명

주의사항 · 전기 작업을 할 때는 안전을 위해 절연 장갑을 착용한다.
· 작업 전 차단기를 반드시 내리고 멀티테스터를 활용해
  전원이 확실히 차단되었는지 확인한다.
· 공용 공간이라면 작업 중 타인이 차단기를 올리지 않도록
  주의한다.

Step 1 기존 조명 분리하기

천장에 달린 전등의 나사 부분을 확인하고 드라이버를 사용해 떼어 낸다.

조명과 분리되어 나온 전선을 커팅 플라이어로 적당히 잘라 정리한다.

Tip! 전선의 길이가 길지 않은 경우에는 그냥 두어도 좋다.

천장에 남은 브래킷의 나사도 풀어 해체해 준다.

Step 2 새 조명 설치하기

새로운 조명의 브래킷을 천장에 설치해 준다.

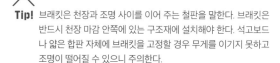

Tip! 브래킷은 천장과 조명 사이를 이어 주는 철판을 말한다. 브래킷은 반드시 천장 마감 안쪽에 있는 구조재에 설치해야 한다. 석고보드나 얇은 합판 자체에 브래킷을 고정할 경우 무게를 이기지 못하고 조명이 떨어질 수 있으니 주의한다.

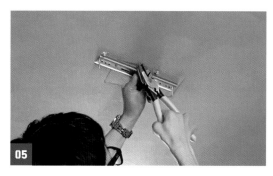

브래킷 가운데에 위치한 구멍에 전선이 빠져나올 수 있도록 한 뒤 피복을 1㎝ 정도 벗겨 낸다.

조명기를 브래킷에 단단히 고정하고 가운데 구멍에 전선이 빠져나올 수 있도록 맞춰 준다.

조명 전선을 조명기 전원 단자에 꽂아 준 다음 조명 덮개를 덮고 잘 고정하여 마무리한다.

CHAPTER
3

LIGHTING
CIRCUIT
조명 회로 증설 및 감설하기

하나의 스위치로 연결된 여러 개의 조명을 두 개 혹은 세 개의
스위치로 나누고 싶다거나, 여러 개로 스위치가 나뉜 조명을
하나의 스위치로 컨트롤하길 원하는 이들을 위해 준비했다.
조명 회로 증설 및 감설을 위한 기초지식을 알아보자.

※주의! 다음에 나오는 과정들은 회로 증설 및 감설의 개념 이해를 돕기
위해 최대한 간단히 설명한 것이다. 실제 상황에서는 각 전선이
벽이나 천장에 매립되어 있음을 잊지 말자!

✓ CHECK 1

조명 회로 증설하기 :
하나의 스위치 + 세 개의 조명 → 세 개의 스위치 + 세 개의 조명

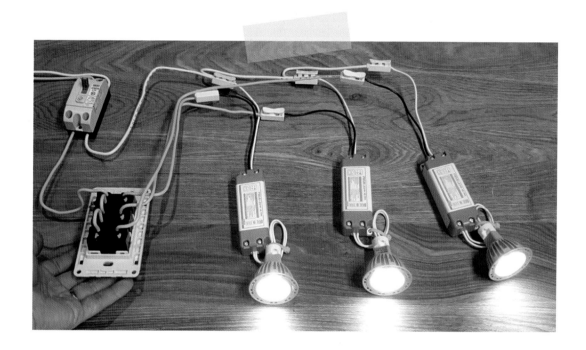

준비물	전선 커넥터, 일자 드라이버, 3구 스위치, 점프선 2개
주의사항	· 전기 작업을 할 때는 안전을 위해 절연 장갑을 착용한다.
	· 작업 전 차단기를 반드시 내리고 멀티테스터를 활용해 전원이 확실히 차단되었는지 확인한다.
	· 공용 공간이라면 작업 중 타인이 차단기를 올리지 않도록 주의한다.

Step 1 기존 전선 분리하기

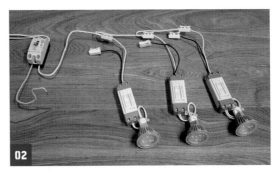

기존 스위치에 연결되어 있던 차단기 전선과 조명 전선을 뽑아 준다.

△
Tip! 스위치 박스에 연결된 전선 옆에 기다란 홈이 있다. 그 부분을 일자 드라이버로 꾹 누른 상태에서 전선을 잡아 빼는 것이 포인트! 단, 전선을 빼는 방식이 다른 스위치도 있으니 주의한다.

전선 커넥터를 활용해 하나로 연결되어 있던 세 개의 조명 전선도 제거한다.

Step 2 3구 스위치에 전선 연결하기

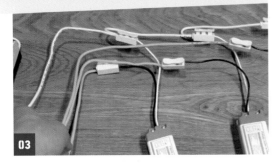

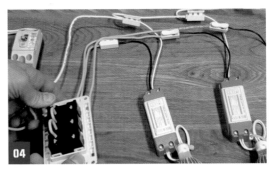

미리 준비한 세 개의 전선에 커넥터를 끼운 뒤 각각의 조명에 따로 연결한다.

새로운 3구 스위치 한쪽에 차단기에서 온 전선을 연결한 뒤 그 아래에 점프선 2개를 더해 전기가 모든 스위치로 갈 수 있도록 한다.

각각의 조명에 배선해 둔 3가지 전선을 스위치 반대쪽 부분에 차례대로 연결한다.

✓ **CHECK 2**

조명 회로 갈설하기 :
세 개의 스위치 + 세 개의 조명 → 하나의 스위치 + 세 개의 조명

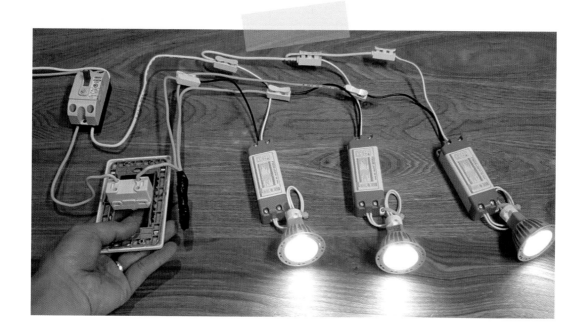

준비물   일자 드라이버, 펜치, 절연 테이프, 1구 스위치

주의사항   · 전기 작업을 할 때는 안전을 위해 절연 장갑을 착용한다.

· 작업 전 차단기를 반드시 내리고 멀티테스터를 활용해
전원이 확실히 차단되었는지 확인한다.

· 공용 공간이라면 작업 중 타인이 차단기를 올리지 않도록
주의한다.

Step 1 기존 전선 분리하기

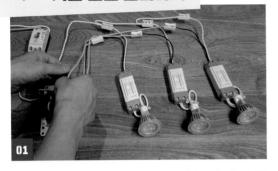

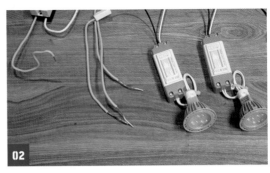

3구 스위치에 연결되어 있던 차단기 전선과 조명 전선을 뽑아 준다.

> **Tip!** 스위치 박스에 연결된 전선 옆에 기다란 홈이 있다. 그 부분을 일자 드라이버로 꾹 누른 상태에서 전선을 잡아 빼는 것이 포인트! 단, 전선을 빼는 방식이 다른 스위치도 있으니 주의한다.

스위치에서 분리한 조명 전선의 피복을 4㎝ 정도로 길게 벗겨 낸다.

Step 2 1구 스위치에 전선 연결하기

세 개의 전선을 하나로 붙잡은 뒤 짧은 전선을 하나 더하고 펜치로 꼬아서 하나로 결속시킨다.

03을 절연 테이프를 사용해 간단히 감아 준다.

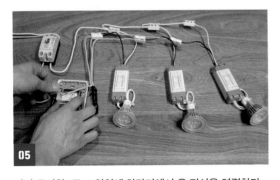

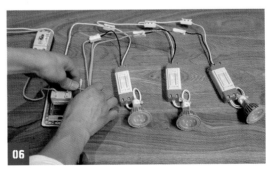

미리 준비한 1구 스위치에 차단기에서 온 전선을 연결한다.

04의 짧은 전선 반대쪽을 1구 스위치에 연결한다.

✓ **CHECK 3**

조명 회로 감설하기 2 :
세 개의 스위치 + 세 개의 조명 → 두 개의 스위치 + 세 개의 조명

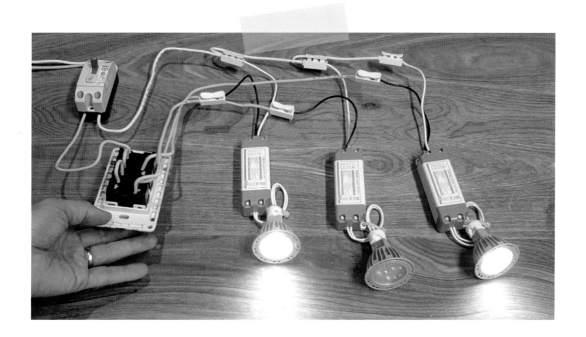

준비물   일자 드라이버

주의사항   · 전기 작업을 할 때는 안전을 위해 절연 장갑을 착용한다.

· 작업 전 차단기를 반드시 내리고 멀티테스터를 활용해
전원이 확실히 차단되었는지 확인한다.

· 공용 공간이라면 작업 중 타인이 차단기를 올리지 않도록
주의한다.

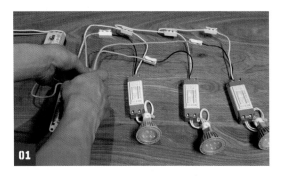

3구 스위치에 연결되어 있던 조명 전선 중 하나를 뽑아준다.

Tip! 스위치 박스에 연결된 전선 옆에 기다란 홈이 있다. 그 부분을 일자 드라이버로 꾹 누른 상태에서 전선을 잡아 빼는 것이 포인트! 단, 전선을 빼는 방식이 다른 스위치도 있으니 주의한다.

원하는 스위치를 정하고 여분의 구멍에 **01**의 전선을 끼워준다.

Tip! 스위치 버튼 하나에는 총 2개의 조명 전선을 넣을 수 있는 구멍이 있다.

조광기란?

조명의 조도를 내 마음대로 늘렸다가 줄일 수 있다는 사실을 아는가? 작은 조광기 하나만 설치하면 된다는 사실도 말이다. 말 그대로 조광기는 조명 밝기를 조절하는 기구다. 보통 '디머'라고 많이 부른다. 전선 회로의 개수에 따라 스위치 버튼과 함께 있는 것과 조절기만 있는 것으로 나뉜다. 방에 조명이 하나만 있을 경우 스위치 없이 디머만 있는 것으로 구입하면 되고, 방의 조명이 2개 이상일 경우 디머와 더불어 스위치 버튼이 있는 제품을 구매하면 된다. 조광기를 사용하기 위해서는 백열전구나 조도 조절이 가능한 LED 전구를 사용해야 한다. 전용 조광기나 애플리케이션을 통해 제어할 수 있는 조명기도 있다.

뒷면을 보면 조도를 조절하고 싶은 조명의 전선이 들어갈 구멍이 디머 쪽에 있고, 조도 조절이 필요 없는 전선이 들어갈 구멍은 보통의 스위치처럼 일반 버튼 뒤에 위치하는 걸 알 수 있다.

CHAPTER
4

DOWNLIGHT INSTALLATION
다운라이트 설치 및 조명 회로 증설하기

천장 안에 깔끔하게 시공할 수 있어 최근 많은 이들의 사랑을 받고
있는 다운라이트! 회로 증설을 해야 함과 동시에 일반 조명과
다른 매립 방식이라 초보자들이 선뜻 도전하기 어려운 시공이다.
하지만 원리와 구조만 이해하면 누구라도 쉽게 따라 할 수 있다.
아야빠와 함께 다운라이트 설치에 도전해 보자!

✓ **CHECK 1**

다운라이트 설치 및
조명 회로 증설하기

준비물   일자 드라이버, 십자 드라이버, 커터 칼, 색이 다른 HIV 전선 2개,
2구 스위치, 절연 테이프, 펜치, 점프선, 컵써클 커터, 테이프,
인두, 다운라이트, 전선, 전선 몰딩, 전동 드릴

주의사항   · 전기 작업을 할 때는 안전을 위해 절연 장갑을 착용한다.
· 작업 전 차단기를 반드시 내리고 멀티테스터를 활용해 전원이
  확실히 차단되었는지 확인한다.
· 공용 공간이라면 작업 중 타인이 차단기를 올리지 않도록 주의한다.
· 이번 작업에서는 단선과 연선을 혼용하였지만, 단선만 사용해도
  무방하다.

Step 1 스위치 및 조명 분해하기

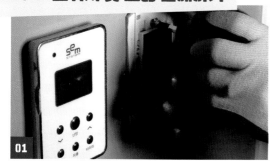

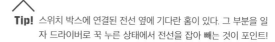

스위치 커버를 벗겨 낸 뒤 드라이버를 사용해 스위치 박스 나사를 풀어 준다.

벽에서 분리된 스위치에서 두 개의 전선을 뽑아 준다.

> **Tip!** 스위치 박스에 연결된 전선 옆에 기다란 홈이 있다. 그 부분을 일자 드라이버로 꾹 누른 상태에서 전선을 잡아 빼는 것이 포인트! 단, 전선을 빼는 방식이 다른 스위치도 있으니 주의한다.

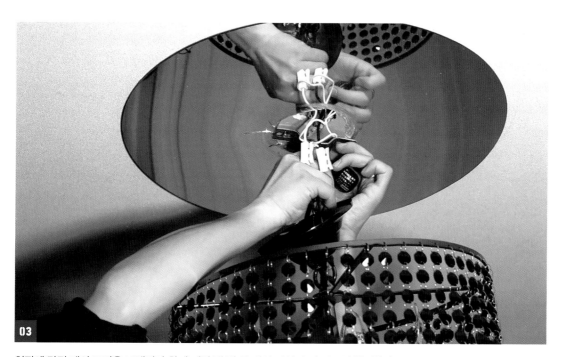

천장에 달린 메인 조명을 브래킷과 함께 떼어 낸 뒤 두 개의 전선이 나오는 걸 확인한다.

> **Tip!** 이때, 벽에 빠져나온 전선을 살짝 당겨 전등과 연결된 것이 무엇인지 찾는다.

> **Tip!** 브래킷은 천장과 조명 사이를 이어 주는 철판을 말한다. 브래킷은 반드시 천장 마감 안쪽에 있는 구조재에 설치해야 한다. 석고보드나 합판 자체에 브래킷을 고정할 경우 무게를 이기지 못하고 조명이 떨어질 수 있으니 주의한다.

Step 2 조명 회로 늘리기

천장 전선 입구를 동그랗게 다듬어서 작업하기 쉽게 넓혀 준다.

> ∧
> **Tip!** 작업하면서 먼지가 떨어질 수 있으니 청소기를 동원해 작업과 동시에 먼지를 같이 흡입해 주는 것이 좋다.

천장에서 내려오는 두 개의 전선 중 스위치와 연결되는 선에 새로 준비한 전선 두 개를 묶은 뒤 절연 테이프로 충분히 감아 준다.

> ∧
> **Tip!** 반대쪽에서 전선을 끌어당기기 위해 스위치와 연결된 선에 새로 준비한 전선을 20~30㎝ 정도 넉넉하게 이어 주는 것이 핵심!

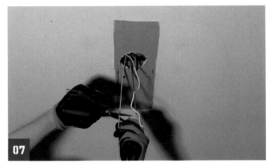

02에서 빠져나온 두 개의 전선 중 전등과 연결된 전선을 잡아당긴다.

>
> **Tip!** 전등 쪽 전선은 절연 테이프로 감쌌기 때문에 두껍다. 천장에서 잘 넘어갈 수 있도록 손으로 슬쩍 밀어 배관 속에 넣어 주는 게 좋다.

전선이 충분히 빠져나왔으면 남은 선을 알맞게 잘라 준 뒤 끝부분 피복을 1.5cm 정도 벗긴다.

스위치 쪽도 피복을 벗겨 내고 미리 준비한 2구 스위치에 차례대로 꽂아 설치한다.

>
> **Tip!** 메인 전등과 다운라이트를 각기 다른 스위치 버튼으로 조작할 것이기 때문에 버튼 사이에 점프선을 연결한다. 스위치 교체는 45p 참고.

Step 3 다운라이트 설치하기

09

천장에 구조재가 지나가는 자리를 피해 다운라이트를 설치할 곳을 지정한다.

Tip! 핸드폰 손전등 불빛이나 헤드 랜턴을 천장에 비추면 구조재가 지나가는 자리가 볼록하게 튀어나온 것을 확인할 수 있다.

10

다운라이트를 설치할 곳에 컵써클 커터를 활용해 구멍을 뚫는다.

Tip! 컵써클 커터가 없을 경우 홀쏘를 활용해 구멍을 뚫어도 무방하다. 구멍 사이즈는 다운라이트의 제품 스펙을 확인하면 알 수 있다.

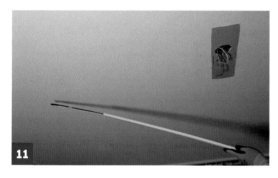

11

미리 준비한 몰딩의 뚜껑을 빼고 별도의 케이블을 밀어 넣은 뒤 끝에 테이프를 감아 고정한다.

Tip! 몰딩뿐만 아니라 낚싯대와 같이 얇고 긴 막대 등으로도 작업이 가능하다.

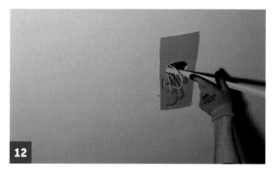

12

11을 전등 구멍 안으로 집어넣어 케이블이 다운라이트 구멍까지 갈 수 있도록 한다.

13

몰딩의 끝부분이 다운라이트 구멍 근처까지 다가오면 손을 넣어서 몰딩 끝의 케이블을 잡아 뺀다.

14

전등 구멍에 빠져나온 케이블의 피복을 적당히 벗겨 낸다.

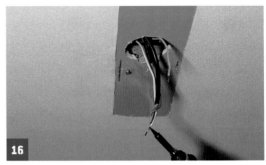

14와 중성선, 그리고 다운라이트용 스위치에 연결될 전선을
직접 꼬아 묶어 준다.

Tip! 메인 조명과 스위치를 이어 줄 전선은 제외한다.

전선들이 케이블과 떨어지지 않도록 간단히 납땜한다.

Tip! 단선만 사용할 경우 생략해도 무방하다.

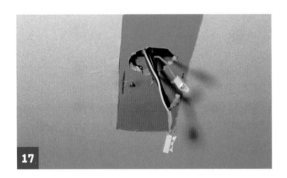

절연 테이프로 간단히 감아 주고 각 전선 끝에 커넥터를 부
착한 뒤 조금 전 떼어 낸 전등을 다시 달아 준다.

다운라이트 쪽 구멍에 빠져 나온 케이블 역시 적당히 피복
을 벗겨 낸 뒤 전선 커넥터를 달아 준다.

미리 준비한 다운라이트를 18에 연결한 뒤 선을 천장 안으로 넣고 조명을 살짝 밀어 끼워 마무리한다.

CHAPTER
5

SMART
LIGHTING
스마트 조명 스위치 설치하기

조명 회로를 늘리는 게 어렵고 막막하게 느껴지거나 조금
더 편한 방법을 원한다면 '스마트 조명 스위치'를 추천한다.
보다 간편하게 조명 회로를 늘릴 수 있는 숨은 비법이 바로
'스마트 조명 스위치'에 있다.

＊스마트 조명 스위치란?
송신기(스위치)와 무선 수신기로 이루어진 제품으로 간단한 연결만으로
회로를 쉽게 증설할 수 있는 것이 특징이다. 무선 수신기 하나가 한 회로를
구성한다. 한 회로에 설치하는 조명의 수는 수신기 최대 출력 내에서 여러
개도 가능하다.

✓ CHECK 1

스마트 조명 스위치 설치하기

준비물	스마트 조명 스위치(2구 스위치 + 수신기 2개), 십자 드라이버, 전동 드릴, 전선 커넥터
주의사항	· 전기 작업을 할 때는 안전을 위해 절연 장갑을 착용한다. · 작업 전 차단기를 반드시 내리고 멀티테스터를 활용해 전원이 확실히 차단되었는지 확인한다. · 공용 공간이라면 작업 중 타인이 차단기를 올리지 않도록 주의한다.

Step 1 기존 조명 해체하기

천장에 달린 전등 나사 부분을 확인하고 드라이버나 전동 드릴을 사용해 떼어 낸 뒤 두 개의 전선이 나오는 걸 확인한다.

Tip! 이때, 벽에 빠져나온 전선을 살짝 당겨 전등과 연결된 것이 무엇인지 체크한다. 전등과 연결되지 않은 선은 차단기에서 온 선이라는 걸 알 수 있다.

천장에 남은 브래킷의 나사도 풀어 해체한다.

Tip! 브래킷은 천장과 조명 사이를 이어 주는 철판을 말한다. 브래킷은 반드시 천장 마감 안쪽에 있는 구조재에 설치해야 한다. 석고보드나 합판 자체에 브래킷을 고정할 경우 무게를 이기지 못하고 조명이 떨어질 수 있으니 주의한다.

Step 2 스마트 조명 스위치 설치하기

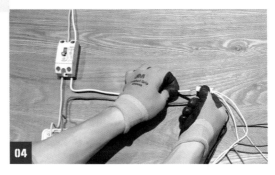

미리 준비한 무선 수신기 두 개가 하나의 전원을 쓸 수 있도록 입력 전선의 짝을 지어 하나씩 묶어 준다.

두 개씩 묶은 전선을 커넥터에 연결하고 천장 구멍으로 나온 두 개의 전선에 꽂아 준다.

Tip! 편의를 위해 같은 색끼리 묶었지만 색이 섞여도 상관없다.

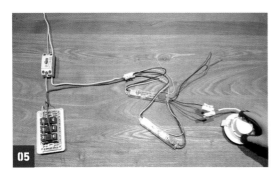

수신기의 반대쪽 전선에도 커넥터를 연결하고 설치할 조명기에 꽂아 준다. 나머지 수신기도 같은 방식으로 설치한다.

Tip! 조명의 수는 수신기의 전력용량 내에서 얼마든지 늘어날 수 있다.

차단기를 다시 올리고 수신기에 있는 작은 버튼을 누른 뒤 원하는 자리의 스위치 버튼을 한 번 눌러 페어링시킨다. 나머지 수신기 역시 동일한 방법으로 페어링한다.

Tip! 제조사마다 페어링 방법이 다르니 반드시 설명서를 꼭 확인하자.

수신기는 천장 안으로 집어넣고 조명을 밀어 끼워 마감한다.

당신이 꼭 알아야 할
인테리어 공사 순서

인테리어를 하려고 전문가에게 의뢰했을 때 이런 말을 들어 본 적이 있을 거다.
"이 작업 말고 또 뭐 하세요? 그거 끝낸 다음에 이거 해야 해요!"
인테리어를 하는데 무슨 순서까지 지켜야 하냐고 의아해할 테지만,
이를 따르지 않으면 작업이 어렵다고 고개를 내젓는 전문가도 존재한다.
더욱 원활한 작업을 위해 인테리어 시공 전 숙지해야 하는 공사 순서를 알아보자.

DAY 1 철거

인테리어의 가장 첫 번째 단계. 멋진 밑그림을 그리기 전 집을 새하얀 도화지로 만드는 과정이라고 보면 된다. 주로 주방 싱크대나 욕실, 문틀 등을 제거하는 것이 특징. 때로는 벽을 부숴 공간을 재구성하기도 한다. 기존의 것들을 없애는 것이기 때문에 당연히 소음 및 먼지가 가장 많이 발생하는 단계. 철거 공사 전 이웃에게 미리 양해를 구하고 동의서를 구하는 것은 필수! 주말 중 일요일에는 되도록 작업하지 않는다.

DAY 2 창호

아파트의 경우 오래된 새시를 교체하고, 일반 주택이나 빌라에서는 낡은 창틀을 교체하는 과정을 뜻한다. 벽에 고정되어 있던 것을 뜯어내야 하기 때문에 철거 작업과 마찬가지로 소음이 크게 발생하니 공사 전 이웃에게 꼭 동의를 구해야 한다. 창호 작업을 잘해야 냉난방 관련 문제로 골머리를 앓지 않으니 꼼꼼하게 하는 것이 좋다.

DAY 3 배관

철거와 창호 작업을 끝낸 뒤에 난방 배관이나 주방 및 욕실 수도 배관 공사를 진행한다. 주방이나 욕실 수도 위치를 바꿀 때 공사가 특히 커진다. 벽이나 바닥을 들어 올려야 해 나중에는 하기 어려운 작업이므로 초반에 문제없이 공사를 해야 한다. 배관이 낡지 않았고, 위치 변경을 할 필요가 없다면 충분히 생략 가능한 공정이다.

DAY 4 목공 & 전기

목공과 전기 공사는 일반적으로 동시에 진행하는 경우가 많다. 목공은 가벽을 세우거나 공간을 재구성할 때 필요한 과정인데, 이에 맞춰 전기 공사도 새롭게 해야 하기 때문이다. 물론, 따로 진행하는 것도 가능하다. 다만 미리 작업할 내용을 정해 놓고 각각의 전문가에게 이를 공유하는 것이 좋다.

DAY 5 타일

목공과 전기 공사가 끝나면 욕실, 주방, 베란다, 그리고 현관에 타일 작업을 시작한다. 공간 크기에 맞게 타일을 자르기 때문에 의외로 소음과 먼지가 많이 발생하는 과정이기도 하다. 타일은 작업 후 굳히는 시간이 필요하기 때문에 바로 다음 공사를 하지 말고 하루 정도 시간을 주는 것이 중요하다.

DAY 6 페인트 & 필름

도배가 먼저일까, 페인트와 필름이 먼저일까? 이 문제에 대해 헷갈려하는 사람들이 많은데, 정답은 페인트와 필름 시공이 먼저다. 특히, 필름 시공의 경우 도배보다 선행되어야 마감이 깔끔하다는 것이 전문가들의 주장이다. 필름 시트지의 가장자리 절단면을 도배지가 감싸는 형태로 마무리되기 때문이다. 페인트 작업도 되도록 도배 전에 하는 것이 좋다. 마스킹 테이프로 보양 작업을 한다고 해도 페인트를 칠하다 보면 실수로 삐져나올 가능성이 매우 높다. 도배 전이라면 실수를 해도 그 위에 새롭게 도배지를 바르면 되니 상관없지만, 도배 후 페인트 작업을 하는 거라면 한 번의 실수가 크게 다가올 수도 있으니 조심해야 한다. 또한 페인트는 한 번만 칠하는 것이 아니라 최소 2~3번은 덧칠해야 하므로 다른 작업들보다 먼저 진행해 시간적 여유를 갖는 것이 좋다.

DAY 7 바닥재

도배 전에 하나 더 해야 할 것이 있으니, 바로 장판이나 마루와 같은 바닥재 시공이다. 걸레받이를 하지 않는다면 도배를 먼저 해도 되지만, 걸레받이를 설치할 예정이라면 반드시 바닥재 시공을 먼저 해야 한다. 보통 걸레받이 위로 도배지를 살짝 얹힌 형식으로 깔끔하게 마무리를 하기 때문이다. 장판의 두께를 1.8t, 2.2t, 4.5t 등으로 표시하는데, 숫자가 클수록 장판 두께가 두꺼운 것이다. 2.0t 이하의 것은 너무 얇아 장판이 쉽게 상할 수 있으니 최소한 2.2t 이상의 장판을 설치하는 것을 추천한다.

DAY 8 도배

도배를 할 때 도배지를 합지로 할지, 실크로 할지 우선 정해야 한다. 합지는 가격이 저렴하고 시공 후 하루 이틀 만에 바로 생활이 가능하다는 장점이 있지만, 마감이나 소재에서 오는 고급감이 떨어진다. 실크는 생활 오염에도 강하고 고급스러움을 느낄 수 있지만, 시공후 2~3일 정도 충분히 말려 줘야 한다는 단점이 있다. 자신의 성향에 따라 두 가지 중 하나를 선택해 시공하면 된다.

DAY 9 조명

인테리어 시공 중 마지막 단계가 바로 조명이다. 미리 해 놓은 전기 공사 부분에 맞춰 원하는 조명을 설치하면 끝! 온라인으로 조명을 구매한 후 설치 기사님을 별도로 불러도 되고, 조명 가게에서 구매한 후 설치 기사님을 소개받는 방법도 있다. 가능하다면 혼자 설치하는 것도 좋다.

DAY 10 정리

모든 시공이 끝나고 정리 단계만 남았다. 어지러워진 공간을 청소하고 벌어진 틈새에 실리콘을 쏘고, 줄눈 시공을 하기도 한다. 입주 청소까지 하면 모든 인테리어 공정은 마무리된다.

여기까지가 통상적으로 이루어지는 인테리어 시공 순서다.
하지만 셀프 인테리어를 진행할 때는 꼭 이와 같은 단계를 지킬 필요는 없다.
아니, 솔직히 말하면 지키기 어렵다. 숙련된 전문가의 실력도 아닐뿐더러
퇴근 후 여분의 시간으로 인테리어 작업을 해야 한다면 제대로 속도가 날 리 없다.
게다가 입주 전 인테리어를 할 때도 있지만, 살다가 고치고 싶은 부분을 고치는
경우도 많기 때문에 위와 같은 시공 순서를 그대로 따라 하기에는 한계가 있다.

일반적인 인테리어 시공 순서는 전문가들이 조금 더 효율적으로 움직여
여러 개의 계약 건을 성사시키기 위해 고민한 끝에 나온 결과다.
조금 더 빠르게, 조금 더 깔끔하게 작업할 수 있는 노하우이기도 하다.
인테리어 시공 순서를 보며 노하우를 배우되 꼭 여기에 맞춰야 한다고
생각할 필요는 없다.
내 마음대로, 내 시간에 따라 작업할 수 있는 것.
그게 바로 셀프 인테리어의 묘미 아니겠는가?

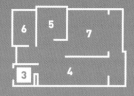

PART · 3

ENTRANCE
현관

CHAPTER
1

BASIC
KNOW-HOW
기본 상식

집의 첫인상을 결정하는 것이 바로 현관이다.
그만큼 인테리어를 할 때 어떤 공간보다 현관을
중요하게 생각하는 사람들이 의외로 많다. 깔끔하고 정리가
잘 되어 있는 현관을 만들기 위해 기본적으로 꼭 알아야 하는
상식과 필요한 도구 몇 가지에 대한 정보를 전달하겠다.

1 | 타일 덧방

현관에 딱 들어섰을 때 가장 먼저 보이는 것이 바로 바닥이다. 오래된 집의 경우 바닥 타일이 매우 낡아 있을 확률이 높은데, 그때 하는 것이 바로 타일 덧방이다. 덧방은 말 그대로 기존의 타일 위에 새로운 타일을 덮어 시공하는 것. 따로 철거하지 않아도 되어 비교적 시공 비용이 저렴하다는 게 가장 큰 장점이다. 약간의 용기를 더해 셀프 타일 덧방에 도전해 보자. 마음에 드는 타일로 현관 바닥을 바꾸는 것만으로도 현관 분위기가 180도 달라지는 경험을 할 수 있을 것이다.

2 | 조립형 타일 & 데코 타일 & 코일매트

전세나 월세를 살 경우 집주인이 타일 덧방 시공을 허락하지 않을 수도 있다. 집주인이 허락한다고 해도 덧방 과정이 번거롭고 가격이 부담스럽게 느껴져 시공을 망설이는 이도 더러 있을 것이다. 그럴 때 찾는 것이 바로 조립형 타일, 데코 타일, 그리고 코일매트다.

조립형 타일은 말 그대로 조립 방식으로 바닥에 타일을 까는 제품을 말한다. 겉보기에는 일반 타일과 똑같이 생겼지만, 플라스틱 소재로 되어 있어 타일끼리 결합하여 쉽게 시공을 할 수 있다.

데코 타일은 원목이나 대리석, 스톤 등의 무늬 필름 위에 특수 보호 코팅 처리를 해서 만든 것이다. 언뜻 보기에는 조각나 있는 장판 같은데, 시공이 간편하고 가격이 매우 저렴해 최근 인기를 끌고 있다. 시공 방식에 따라 뒷면에 양면테이프 처리가 되어 있는 접착식과 본드를 사용하는 비접착식, 두 가지로 나눌 수 있다. 내구성과 내열성이 좋아 현관 외에도 거실이나 방의 바닥재로 많이 사용되고 있다.

마지막으로 **코일매트**는 PVC 소재로 되어 있는 매트에 각양각색의 패턴을 프린팅한 것이 특징. 시공할 장소의 크기에 맞춰 매트를 주문한 뒤 그대로 깔아 두기만 하면 되어서 시공이 그 어떤 것보다 간편하다. 게다가 손쉬운 먼지 제거는 물론 물청소까지 할 수 있다는 것도 장점 중 하나다. 타일 덧방이 어렵게 느껴지는 사람이라면 조립형 타일, 데코 타일, 코일매트 중 마음에 드는 것을 선택해 보는 것도 좋은 방법이다.

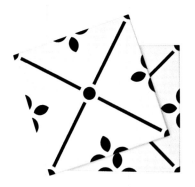  

보양 작업

페인트 작업을 하기 전 시공할 곳 외에 오염을 막기 위해 보호막을 치는 것을 '보양 작업'이라고 한다. 주로 비닐이나 마스킹 테이프를 사용한다. 귀찮아서, 혹은 작업 시간을 줄여 보겠다는 의도로 보양 작업을 제대로 하지 않은 채 페인트를 칠하면 오히려 뒤처리에 시간을 더 뺏길 수 있다.

3 | 커버링 테이프

보양 작업을 할 때 사용하는 것으로 마스킹 테이프와 비닐이 합쳐진 것으로 보면 된다. 기다란 비닐의 한쪽 면에 테이프가 붙어 있어 더욱 손쉽게 보양 작업을 할 수 있다. 커버링 테이프를 붙일 때는 마스킹 테이프 틈으로 페인트가 스며들지 않도록 가장자리를 손가락으로 꾹 눌러 주자. 더 정교한 페인트 시공이 필요한 경우 테이프 경계에 수성 실리콘을 얇게 발라 페인트가 스며들지 않도록 미세한 틈새까지 막기도 한다. 마스킹 테이프를 너무 오랜 시간 붙여 두면 한 번에 잘 떨어지지 않을 수 있으니 페인트 작업이 끝나는 즉시 떼 내도록 하자.

4 | 도어 클로저

도어 클로저는 현관문 상단과 문틀에 연결하여 부착하는 부속품이다. 현관문을 여닫을 때 속도 조절을 해 주어 문이 세게 쾅 닫히지 않도록 한다. 오랜 기간 사용하게 되면 녹이 슬거나 강한 압력으로 인해 유압이 터져 문 닫히는 속도를 제대로 조절할 수 없게 된다.

5 | 도어 스토퍼

이른바 '말발굽'이라고도 하는 도어 스토퍼는 문이 열린 채 고정될 수 있도록 고안된 장치를 말한다. 문이 일정 위치 이상 열리지 못하도록 문 뒤에 있는 벽이나 바닥, 문 상단에 설치한다.

6 | 드라이기

인테리어 작업에 갑자기 웬 드라이기냐고 할 수 있겠지만, 필름지 작업을 할 때 없어서는 안 되는 제품이다. 필름지의 특성상 열을 가하면 살짝 늘어나는데, 이때 드라이기를 활용해 쉽고 간단하게 작업할 수 있다. 굴곡지거나 특정 모양이 있는 부분에 필름지를 붙일 때는 끝을 손으로 잡아당기면서 드라이기로 열을 주어 살짝 늘어나게 한 뒤 붙이면 자연스럽고 매끈하게 필름지 시공을 완성할 수 있다. 전문가들은 온도 조절이 용이한 '히팅건'을 사용하기도 하지만, 일반 드라이기로도 동일한 작업이 가능하다.

7 | 헤라

플라스틱 소재로 된 제품으로 필름지를 붙일 때 윗면을 눌러 안에 들어간 기포를 빼내는 역할을 한다. 헤라를 사용하면 손으로 눌렀을 때보다 필름지를 표면에 훨씬 더 가깝게 밀착시킬 수 있어 작업 시 없어서는 안 될 도구 중 하나다.

8 | 이형지

인테리어 필름이나 시트지 뒷면에 있는 접착면을 보호하기 위해 붙인 하얀 종이를 부르는 말이다. 주변에서 쉽게 보는 스티커 뒷면에도 이형지가 붙어 있다.

9 | 인테리어 필름

흔히 쓰는 '시트지'와 같은 재료라고 생각하지만 구분하여 사용한다. 인테리어 필름은 일반 시트지보다 더 두껍고 내구성도 좋다. 시공성도 상대적으로 우수하고 시간이 지남에 따른 수축과 변형도 덜하다. 매우 다양한 색상과 무늬로 생산되며, 방염을 적용할 수 있기 때문에 인테리어 작업 시 시트지보다 많이 사용된다. 접착면에 미세한 홈이 파여 있어 기포가 빠져나가기 쉽도록 고안된 '버블 프리' 제품이 셀프 인테리어를 할 때 사용하기 좋다.

인테리어 필름 시공 순서

적을 알고 나를 알아야 백전백승이라고 했다. 셀프 인테리어로 필름 시공을 앞두고 있다면 기본적인 시공 순서를 반드시 파악해야 한다.

❶ 시공 부위 사이즈 측정하기

인테리어 필름 공사에서 가장 기본이자 중점이 되는 것은 바로 깔끔한 마감이다. 부족하거나 넘치지 않게 딱 떨어지는, 원래부터 그 필름이 붙어 있었던 것처럼 만들기 위해서는 정확한 사이즈 측정이 필수다.

❷ 인테리어 필름 구매하기

사이즈를 측정했다면 이제는 인테리어 필름을 구매할 때다. 인터넷으로 구매하는 방법도 있지만, 가급적 오프라인 매장에서 직접 눈으로 보고 손으로 만져 보며 고르는 것을 추천한다. 모니터로 볼 때와 색상이나 질감이 다른 경우가 많기 때문이다. 온라인 업체 중에서 샘플을 받아 볼 수 있는 곳도 있어 잘 활용하면 실패 확률을 줄일 수 있다. 인테리어 필름은 대개 재단해서 판매하므로 한 번 구매하면 반품이 어렵다. 길이를 잘 계산해서 작업 시 모자라지 않도록 여유롭게 구매하는 것이 좋다. 만일 한쪽으로 무늬가 있는 필름을 선택했다면 붙일 때 모양을 맞춰 붙여야 하는 경우도 있으니 길이 계산에 신중해야 한다.

❸ 사포 & 퍼티 작업하기

표면에 아주 작은 홈이나 먼지가 달라붙어 있으면 필름 작업 후 결과물이 울퉁불퉁해 좋지 않을 수 있다. 필름을 붙일 곳이 육안으로 보았을 때, 또는 손으로 어루만졌을 때 홈이 있고 오돌토돌한 이물감이 느껴진다면 사포와 퍼티 작업은 필수다. 사포는 말 그대로 사포를 사용해 표면을 갈아 매끄럽게 만드는 작업이다. 반대로 움푹 파인 홈에는 퍼티를 넣어 표면을 평평하게 만들어 줘야 한다. 만약 겉면이 이미 매끄러운 상태라면 두 과정 모두 생략하고 먼지 정도만 닦아 주면 된다.

❹ 필름용 프라이머 바르기

필름지가 표면에 잘 달라붙도록 미리 필름용 프라이머를 발라 주는 것이 좋다. 특히, 이미 MDF 소재의 가구나 한 차례 페인트칠한 곳에 필름지를 붙이려고 하면 잘 접착되지 않을 수 있어 사전에 사포 작업과 프라이머 작업을 기본으로 진행해야 한다. 보통 프라이머를 바르고 1시간 정도 지난 후 필름 작업을 한다. 만약 필름지를 붙이기에 무리가 없는 경우라면 프라이머를 바르지 않을 때도 있다.

❺ 인테리어 필름 재단하기

재단할 때 실측 사이즈보다 2~3㎝ 정도 여유를 두고 넉넉하게 자르면 실수를 줄일 수 있다. 비슷해 보이는 사이즈의 필름지를 여러 개 재단했다면, 뒷면 이형지 부분에 어느 곳에 붙일 재료인지 사이즈와 함께 표시하면 편리하다. 프라이머를 발라야 한다면 프라이머가 마르는 동안 재단하여 작업 시간을 아낄 수 있다.

❻ 필름지 부착하기

뒷면의 이형지를 한 번에 다 떼어 내 부착하다가는 필름끼리 엉켜 작업을 망칠 수 있다. 우선 이형지를 떼지 않은 상태에서 작업할 곳에 필름을 대 보자. 그리고 손이나 팔꿈치로 고정한 상태로 한쪽 모서리 부분만 이형지를 떼고 붙이기 시작한 뒤 헤라로 밀어 가면 훨씬 수월하게 필름을 붙일 수 있다. 헤라로 필름지를 밀 때는 기포가 생기지 않도록 신경 쓴다.

❼ 작업 마무리하기

필름지를 다 붙였다면 마지막 체크를 해야 한다. 특히, 작업하다가 필름지 안에 공기가 들어가 불룩 튀어나올 확률이 높으니 주의한다. 칼끝으로 튀어나온 부분을 살짝 찍어 구멍을 내 공기가 빠져나오도록 하면 된다.

아야빠 TIP!
필름지 모서리 마감

필름지 작업할 때 초보자들이 가장 어려워하는 것이 바로 모서리 마감이다.
열심히 한다고 했는데, 작업 후에도 괜찮아 보였는데, 나중에 보면 틈이
벌어지고 마감이 깔끔하지 않은 경우가 부지기수다. 이를 막기 위해 쉽고
간단하게, 그리고 깔끔하게 모서리 마감을 할 수 있는 노하우를 공개한다.

※참고   모서리 마감 과정 예시는 필름지 작업으로 가장 흔하게 접할 수 있는 싱크대 문을
기준으로 한다.

준비물   커터 칼, 필름지, 면장갑

주의사항   · 날카로운 도구를 사용할 때는 다치지 않도록 주의한다.
· 재단용 자를 사용하면 조금 더 안전하고 정확하게 필름을
재단할 수 있다.
· 인테리어 필름은 시간이 지나면 수축하는 성질을 지니고
있으니 모든 이음부가 살짝 겹치도록 시공해야 한다.

Step 1 싱크대 문 탈거하기

01

02

싱크대 하부장 문을 열고 안에 있는 경첩의 뒤쪽 나사를 전동 드릴로 풀어 준다.

경첩과 손잡이 등을 모두 제거한 뒤 이물질까지 깨끗하게 없앤 싱크대 문을 테이블 위에 올려 둔다.

 Tip! 뒤쪽 나사를 풀었는데도 경첩이 떨어지지 않으면 앞에 있는 간격 조절 나사를 조이면 빠진다.

Step 2 필름지 부착하기

03

04

싱크대 문 사이즈를 측정한 뒤 이에 맞춰 필름지를 재단한다.

싱크대 문 위에 재단한 필름지를 올려 둔 다음 모든 면에 적당히 여유가 있도록 배치한다.

 Tip! 이때, 필름지는 싱크대 문 뒤로 돌아 감싸질 수 있도록 상하좌우 4㎝ 정도 크게 재단하는 것이 좋다.

05

06

한 손으로 필름지를 잡아 고정한 뒤 다른 한 손으로 필름지의 모서리를 잡아 이형지를 약간 벗겨 내고 커터 칼로 잘라 낸다.

이형지가 벗겨진 부분을 싱크대 문에 붙이고 **05**의 필름지를 뒤집어 남은 이형지가 드러나게 한 뒤 한 손으로 조금씩 떼고 반대편 손으로는 필름을 쓸어 가며 부착면에 밀착한다.

 Tip! 필름지를 붙일 때는 한쪽 손에 면장갑을 두 겹 착용하는 게 좋다.

Step 3 **필름지 모서리 마감하기**

07

06을 뒤집어 뒷면이 하늘을 향하게 한다.

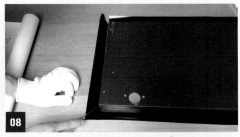
08

문의 모서리를 향해 필름지를 사선으로 잘라 준다.

09

08에서 둘 중 한 면을 정하고 문의 모서리를 향해 직각으로 잘라 기다란 삼각형 모양의 빈 공간이 생기도록 한다. 다른 모서리도 동일하게 잘라 준다.

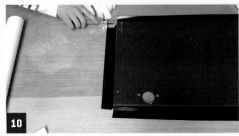
10

사선으로 잘라 준 필름지의 면은 문에서 0.5~1㎝가량 남기고 잘라 준다. 반대쪽도 동일하게 잘라 준다.

Tip! 새로 붙이는 필름지가 모서리 부분에서 서로 겹치도록 오리 는 것이 핵심이다.

11

10의 필름지를 남기고 자른 면을 먼저 문에 붙여 준다.

12

문밖으로 튀어나온 필름지를 잘라 내는데, 커터 칼을 문에 붙여 대고 자른 다음 사선으로 내려 잘라 필름지 끝부분을 삼각형으로 남긴다.

13

삼각형 필름지 부분을 안으로 접어 문에 붙여 준다. 반대쪽도 동 일한 방식으로 진행한다.

14

직각으로 잘랐던 필름지 부분이 **13**위에 덮이도록 붙인다. 다른 쪽 도 동일한 방식으로 진행한다.

CHAPTER
2

BASIC
INTERIOR
기본 인테리어

한 번 들어서면 절대 잊을 수 없는
예쁜 현관을 만들고 싶다면 여기를 주목하자.
간단하지만 인테리어 효과는 뛰어난
현관 인테리어 노하우를 전부 공개한다.

✓ CHECK 1

데코 타일 설치하기

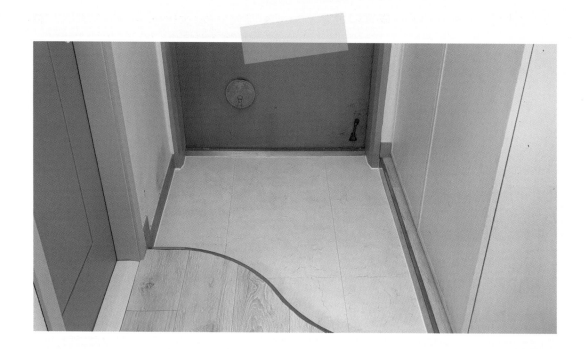

준비물	데코 타일 8장(450x450x2t), 커터 칼, 자, 실리콘건
주의사항	· 날카로운 도구를 사용할 때는 다치지 않도록 주의한다. · 현관 사이즈를 꼼꼼하게 체크하고 이에 맞춰 데코 타일을 주문한다.

Step 1 데코 타일 원장 붙이기

01

02

시공할 현관 바닥을 청소기와 걸레로 깨끗이 청소한다.

Tip! 이물질이 남아 있으면 매끄럽게 작업하기 어려우므로 반드시
시공 전 청소를 하는 것이 좋다.

데코 타일 1장을 꺼낸 뒤 뒷면에 붙은 비닐을 제거하고 현관
바닥 가운데에 붙여 원장으로 삼는다.

Tip! 간혹 데코 타일을 끝에서부터 붙이는 경우가 있는데, 되도록 가운
데부터 시작할 것을 권한다. 중심부에 원장이 붙고 데코 타일의
자른 면이 가장자리로 가도록 하는 것이 미관상 좋다.

Step 2 데코 타일 재단하기

03

04

두 번째 데코 타일을 **02**에 이어서 붙인다. 이때, 한쪽 면을
곡선으로 미리 재단한 뒤 붙여 준다.

Tip! 재단하는 법은 다음과 같다.
  1) 두 번째 데코 타일을 곡선 면에 맞닿게 놓아 첫 번째 타일과 겹
     치도록 한다.
  2) 데코 타일 두 장이 겹치는 길이를 사각형 카드보드지에 연필로
     표시한다.
  3) 두 번째 데코 타일의 곡선으로 잘라야 할 부분에 카드보드를
     얹은 뒤 미리 표시한 부분 옆에 연필을 댄다.
  4) 카드보드와 타일 모서리가 수평을 유지할 수 있도록 하며 곡
     선 면을 따라 이동시키면서 타일에 연필로 표시한다.
  5) 4번의 선을 따라 칼로 긋고 부러트리면 완성!

02와 **03**의 왼쪽에 붙일 또 다른 타일을 겉면이 보이도록
비스듬하게 들어 올린 뒤 바닥에 붙은 타일과 이어지는 부
분 두 곳을 차례대로 표시한다.

05

04에서 연필로 체크한 부분이 일자로 이어지게 자를 대고 칼로 그어 준 뒤 꺾어서 부러트린다. 동일한 방법으로 데코 타일 한 장 더 재단한다.

06

재단한 두 장의 타일 중 하나의 스티커 비닐을 떼어 내고 칼로 자른 면이 벽 쪽으로 향하도록 한 뒤 **03**의 왼쪽 부분에 잘 붙여 준다.

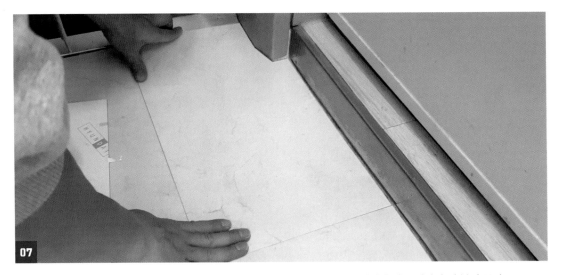

07

남은 데코 타일 한 장은 **02**의 왼쪽 부분에 이어서 붙인다. 이때, 문틀의 모양에 맞춰 추가로 재단한 뒤 붙여 준다.

Tip! 재단하는 법은 다음과 같다.
1) 타일을 문틀에 맞춰 가져다 댄 다음, 문틀 두께와 중간에 현관문 꺾인 부분을 연필로 체크한다.
2) 타일을 다시 옆으로 옮겨서 신발장이 있는 벽에 맞춰 가져다 댄 뒤 측면 두께와 현관문 꺾인 부분을 연필로 표시한다.
3) 1번과 2번의 포인트들을 수직으로 연결해 연필로 그어 표시해 준다. 현관문 꺾인 부분도 사선으로 이어 준다.
4) 표시한 선들을 커터 칼로 그어 자른 뒤 연필로 그은 선들은 물티슈로 닦아 지워 준다.

08

02의 오른쪽 부분도 **07**과 같은 방법으로 데코 타일을 재단해 붙여 준다. 그 외의 나머지 부분도 데코 타일을 재단해 붙여 준다.

09

굴곡진 면을 시공할 때는 타일을 현관 바닥 위쪽에 두고 아랫부분에 연필을 가져다 댄 뒤 벽면을 따라가면서 선을 그어 준다.

선을 따라 칼로 그어 재단한 후 다른 타일들의 모서리에 맞춰 이어 붙여 준다.

Tip! 아야빠가 시공한 현관이 특이하게도 굴곡진 면이 많았는데, 일반 가정집의 경우 굴곡 없는 사각형인 경우가 훨씬 많을 것이다. 사각형의 현관은 라운드 재단 없이 조금 더 쉽게 붙일 수 있다.

Step 3 마무리하기

마지막으로 전체 가장자리 부분에 실리콘을 쏴 마무리한다.

현관문 페인트 리폼하기

준비물   프라이머, 페인트 트레이, 페인트 롤러, 붓, 커버링 테이프, 보양
테이프, 페인트 캔 스파우트, 몰딩, 45도 자, 톱, 실리콘건, 글루건

주의사항   · 프라이머 또는 페인트를 사용한 후에는 실내 공기를 충분히 환기한다.
· 페인트 제조사가 권장하는 재칠 가능 건조 시간을 준수해야 도색면에
  작은 페인트 덩어리가 생기는 현상을 막을 수 있다.
· 현관문에 이물질이 남아 있으면 매끄럽게 작업하기 어려우므로
  반드시 시공 전 청소를 하는 것이 좋다.
· 아야빠 영상에서는 아이들 건강 문제로 프라이머만 사용했지만,
  기본적으로 프라이머 위에 흰색 페인트를 꼭 덧발라 줘야 한다.
  프라이머를 1차로 칠한 뒤 나머지는 페인트칠로 대체한다.

Step 1 보양 작업 하기

도어클로저, 손잡이, 도어락, 도어 스토퍼 등 현관문 부속품을 분리한다.

문틀 주변으로 페인트가 묻으면 안 되는 곳에 보양 테이프를 붙인다.

 Tip! 테이프 틈으로 페인트가 스며들지 않도록 가장자리를 손가락으로 꾹 누르면서 붙여 줘야 한다.

커버링 테이프를 바닥에 넓게 깔아 준다.

Step 2 프라이머 칠하기

트레이에 비닐 커버를 깐 뒤 프라이머를 부어 준다.

 페인트 캔 스파우트를 입구에 부착하면 조금 더 깔끔하게 트레이에 프라이머를 부을 수 있다.

붓에 프라이머를 묻혀 가장자리 좁은 부분을 먼저 칠한 뒤 페인트 롤러를 이용해 현관문 위를 가볍게 한 번 칠해 준다.

프라이머가 어느 정도 마를 때쯤 트레이에서 비닐을 벗겨 낸 뒤 새로운 비닐을 깔고 프라이머를 다시 부어 준다.

페인트 롤러를 사용해서 2차로 프라이머를 바른 뒤 재칠 가능 시간까지 기다린다.

 재칠 가능 시간은 제품마다 다를 수 있다. 기다리는 동안 트레이를 덮었던 비닐은 버리고 사용한 롤러에는 커버링 테이프를 덮어 공기가 들어가지 않도록 한다. 이렇게 하면 몇 시간 후에도 다시 사용이 가능하다.

Step 3 프라이머 작업 정리하기

08

09

트레이에 새로운 비닐을 깔고 프라이머를 부은 뒤 롤러에 묻혀 3차로 프라이머를 바른다. 이때, 롤러로 작업하기 어려운 틈새는 붓으로 섬세하게 칠하고 다시 건조 시간을 기다린다.

프라이머를 다 발랐다면 보양 테이프와 커버링 테이프를 제거하고 현관문 부속품을 다시 달아 준다.

Tip! 마지막 단계인 만큼 붓으로 얼룩덜룩한 곳이나 틈 사이사이를 더욱더 세밀하게 작업한다. 3차까지 칠했음에도 매끄러운 느낌이 들지 않는다면 한 번 더 프라이머를 칠한다.

10

문틀이나 바닥에 프라이머가 묻은 곳을 칼로 긁어내어 물티슈로 깨끗이 닦아 마무리한다.

Step 4 몰딩 자르기

현관문 사이즈를 측정한 다음 해당 길이에 맞춰 몰딩을 재단한다.

몰딩이 만나는 부분을 45도 자로 측정해 자를 부분을 표시한다.

 Tip! 현관문 크기에 알맞은 비율로 웨인스코팅을 설치할 위치를 잡는 것이 중요하다.

 Tip! 몰딩 페인트칠은 현관문 작업을 하며 미리 해 놓는 것이 좋다.

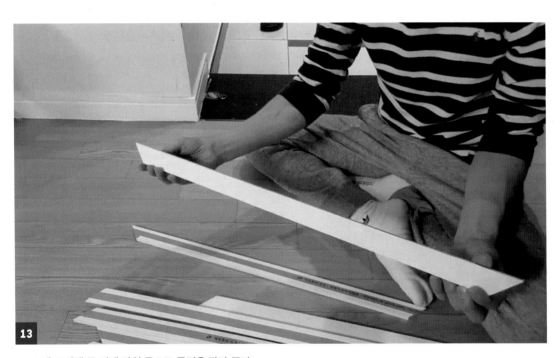

11, 12에 표시해 둔 것에 맞춰 톱으로 몰딩을 잘라 준다.

Step 5 웨인스코팅 설치하기

몰딩을 붙일 위치를 문에 미리 표시한다.

몰딩 가운데 부분에 실리콘을 얇게 바른다.

15의 양 끝에 핫 글루를 조금 쏜 다음 문에 표시해 둔 위치에 빠르게 붙인다. 다른 몰딩도 동일한 방법으로 문에 붙인다.

문에 부착한 몰딩 틈새에 실리콘을 쏴 마무리한다.

✓ CHECK 3

신발장 리폼하기

준비물	전동 드릴, 커터 칼, 우드 필러, 인테리어 필름, 줄자, 원터치 자석 도어캐치

주의사항	· 날카로운 도구를 사용할 때는 다치지 않도록 주의한다.
	· 재단용 자를 사용하면 조금 더 안전하고 정확하게 필름을 재단할 수 있다.
	· 인테리어 필름은 시간이 지나면 수축하는 성질을 지니고 있으니
	  모든 이음부가 살짝 겹치도록 시공해야 한다.
	· 겹치는 부분의 위쪽 필름만 잘라 내야 하는 경우에는 커터 칼을
	  누르는 힘 조절이 필요하다. 커터 칼을 부러뜨려 새로운 날을
	  사용하고, 약한 힘으로 긋는 연습을 몇 번 하다 보면 감이 생긴다.

Step 1 신발장 문 탈거하기

신발장 문 안쪽에 달린 경첩을 풀어서 문을 떼어 낸다.

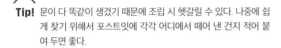

Tip! 문이 다 똑같이 생겼기 때문에 조립 시 헷갈릴 수 있다. 나중에 쉽게 찾기 위해서 포스트잇에 각각 어디에서 떼어 낸 건지 적어 붙여 두면 좋다.

신발장 문에 달린 손잡이를 분해하고 겉에 붙어 있는 필름도 떼어 낸다.

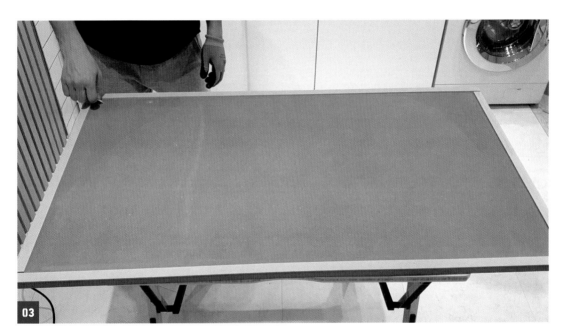

손잡이가 달렸던 구멍에 우드 필러를 주입해서 막아 준다.

Step 2 인테리어 필름 붙이기

04

줄자로 신발장 문 사이즈를 재단한 뒤 앞판과 가로세로 프레임 부분의 크기에 맞춰 필름지를 자른다.

05

짧은 길이의 가로 프레임 부분부터 필름지를 천천히 붙인다. 모서리 부분은 커터 칼로 필름지를 적당히 잘라 마무리한다.

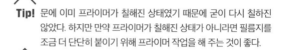

Tip! 문에 이미 프라이머가 칠해진 상태였기 때문에 굳이 다시 칠하진 않았다. 하지만 만약 프라이머가 칠해진 상태가 아니라면 필름지를 조금 더 단단히 붙이기 위해 프라이머 작업을 해 주는 것이 좋다.

Tip! 필름을 붙일 때는 한 손에 면장갑을 두 개 끼고 표면을 여러 번 문지르면서 조금씩 감싸듯 붙인다. 모서리 마감하는 법이 궁금하다면 78p를 참고할 것.

06

길이가 긴 세로 프레임 부분도 필름지를 붙여 준다. 가로 부분과 맞닿는 곳에 모서리 부분은 겹치듯 잘라 준다.

07

필름을 다 붙인 후에는 드라이기로 열을 가하며 다시 한 번 문질러서 필름지가 문 표면에 밀착되도록 한다.

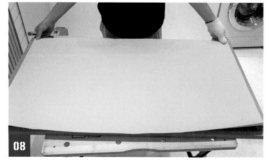

08

프레임 안쪽에 전체적으로 붙일 자리를 확인하고 필름지 한쪽 모서리 보호 시트를 칼로 잘라 낸다.

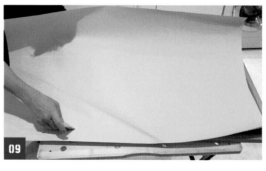

09

보호 시트를 자른 필름지 끝부분을 신발장 문 프레임 안쪽에 맞춘 뒤 헤라를 이용해 천천히 안쪽으로 밀어 가면서 붙인다. 나머지 문들도 같은 과정을 반복해 필름지를 붙여 준다.

Step 3 신발장 옆면 작업하기

신발장 옆면의 울퉁불퉁한 표면은 커터 칼로 간단히 제거하고, 아래쪽 실리콘도 긁어 없애 준다.

신발장 측면 사이즈에 맞춰 재단한 필름지가 삐뚤어지지 않게 위에서 아래로 천천히 붙여 준다.

> **Tip!** 필름지 폭은 조금 여유를 두고 재단하는 것이 좋다. 필름지가 신발장 안쪽까지 꺾어 들어가게끔 붙여야 훨씬 깔끔하게 마감이 가능하다.

신발장 상단 부분 사이즈에 맞춰 재단한 필름지를 마저 붙이도록 한다.

> **Tip!** 이때, 측면에 붙인 필름지의 나무 무늬를 고려한 뒤 상단 부분 필름지를 붙여야 완성했을 때 어색하지 않고 자연스럽다.

Step 4 마무리하기

신발장 안쪽 더러운 부분을 걸레로 깨끗이 닦아 준 후 분리해 두었던 신발장 문을 다시 조립한다.

마지막으로 원터치 자석 도어캐치를 설치하면 끝!

> **Tip!** 도어캐치를 누르는 유격이 있는데, 이를 고려하여 살짝 앞으로 튀어 나오게끔 설치해야 한다. 만약 도어캐치가 너무 안쪽으로 들어가게 끔 설치하면 제대로 눌리지 않을 수 있으니 주의한다.

✓ CHECK 4

오래된 인터폰 교체하기

준비물 2선식 인터폰, 초인종, 신호 커넥터, 절연 장갑, 펜치, 전기 테이프

주의사항 · 전기 작업을 할 때는 안전을 위해 절연 장갑을 착용한다.
· 작업 전 차단기를 반드시 내리고 멀티테스터를 활용해 전원이
  확실히 차단되었는지 확인한다.
· 공용 공간이라면 작업 중 타인이 차단기를 올리지 않도록 주의한다.

Step 1 기존 인터폰 해체하기

01

기존의 인터폰 본체를 위로 밀어 올린 다음 앞으로 당겨 벽에서 떼어 낸다.

02

인터폰과 연결되어 현관 초인종과 경비실로 이어지는 얇은 네 가닥의 선을 뽑아내고 전원선은 펜치로 적당히 잘라 낸다.

Step 2 새 인터폰 설치하기

03

기존 인터폰의 브래킷의 나사를 풀어 해체한 뒤 새 브래킷을 벽에 고정한다.

04

벽에서 나온 얇은 네 가닥의 선과 새롭게 준비한 신호 커넥터 선을 꼬아 하나씩 이어 준다.

05

새 인터폰에 달린 전원선과 벽에서 나온 전원선을 꼬아 연결하고 전기 테이프를 감아 준다.

06

인터폰 본체에 **04**의 신호 커넥터를 연결한다.

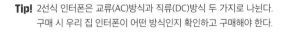

Tip! 2선식 인터폰은 교류(AC)방식과 직류(DC)방식 두 가지로 나뉜다. 구매 시 우리 집 인터폰이 어떤 방식인지 확인하고 구매해야 한다.

07

남은 신호선에도 전기 테이프를 감아 준 다음 케이블을 정리해 벽 속에 넣고 벽에 달린 브래킷에 본체를 끼워 넣어 결합한다.

Step 3 초인종 교체하기

08

초인종 본체 나사를 풀어 해체한 뒤 브래킷도 떼어 낸다.

09

초인종 본체에 연결되어 있던 전선을 모두 떼어 낸다.

10

새로운 브래킷을 벽에 고정하고 벽에서 나온 전선을 새 초인종 본체에 차례대로 연결한다.

11

전선을 정리해 벽 속으로 넣고 벽에 달린 브래킷에 본체를 끼워 넣어 결합한다.

다시 차단기를 올리고 인터폰이 잘 작동되는지 확인하며 마무리한다.

✓ CHECK 5

칠판 벽 설치하기

준비물   세라믹 퍼티, 헤라, 자석 페인트, 칠판 페인트, 4.8㎜ 합판보드, 실리콘, 샤워커튼봉, 나무 막대, 사포, 마스킹 테이프, 커버링 테이프, 페인트 트레이, 페인트 롤러, 붓, 액자 레일, 전동 드릴

주의사항   · 프라이머 또는 페인트를 사용한 후에는 실내 공기를 충분히 환기시킨다.
· 자석 페인트는 최대한 두껍게 발라야 한다.

Step 1 칠판 벽면 다듬기

칠판으로 만들 벽에 세라믹 퍼티를 발라 전체적으로 평평
하게 만들고 4시간 정도 기다린다.

Tip! 벽에 스위치나 콘센트가 있다면 미리 탈거한다. 바닥과 벽으로부
터의 거리를 확인해 두어야 한다.

사이즈에 맞게 미리 재단한 합판보드 뒷면에 실리콘을 바른
다음 벽에 잘 붙여 준다.

02의 윗면에 얇은 나무 막대를 대고 그 위에 샤워커튼봉을
고정해 벽에 밀착시켜 실리콘이 잘 굳을 수 있도록 한다. 아
래쪽도 같은 방식으로 고정한다.

 Tip! 맞은편에 샤워커튼봉을 고정할 벽이 따로 없다면 크고 무거운 가
구를 합판 앞면에 두어 고정하는 것도 좋은 방법이다.

다음 날 벽에 잘 고정된 합판보드 위에 세라믹 퍼티를 추가
로 발라 표면을 고르게 만든 후 마를 때까지 4시간 정도 기
다린다.

 Tip! 퍼티를 바를 때는 비닐장갑을 낀 손으로 벽을 문지르고 헤라로 얇
게 긁어 주면 된다.

Step 2 페인트칠하기

퍼티가 완전히 다 마르면 사포를 이용해 거친 부분을 정리
해 준다.

페인트칠하기 전 마스킹 테이프를 가장자리 주변에 붙여 꼼
꼼히 보양한다. 바닥은 커버링 테이프로 보호한다.

트레이에 비닐 커버를 깐 뒤 미리 준비한 자석 페인트를 부어 준다.

페인트 롤러에 자석 페인트를 묻힌 뒤 **05**에 가볍게 칠하고 2~3시간 정도 기다린다. 이 과정을 총 3번 반복한다.

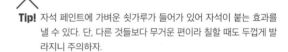

Tip! 자석 페인트에 가벼운 쇳가루가 들어가 있어 자석이 붙는 효과를 낼 수 있다. 단, 다른 것들보다 무거운 편이라 칠할 때도 두껍게 발라지니 주의하자.

다음 날 트레이에 새로운 비닐 커버를 깐 뒤 칠판 페인트를 붓고 롤러에 묻혀 **08**에 얇게 발라 준다.

Tip! 이때, 롤러로 작업하기 어려운 틈새는 붓으로 섬세하게 칠하고 다 마를 때까지 기다린다.

Step 3 마무리하기

벽이 완전히 다 마르면 맨 위에 액자 레일을 달고 액자 레일용 와이어 고리를 장착한다.

마지막으로 보양 작업한 마스킹 테이프와 커버링 테이프를 제거하면 완성!

알아 두면 쓸 데 있는 주택 평면도

셀프 인테리어를 하기 전에 가장 먼저 해야 할 것 중 하나가 바로
자신의 집을 파악하는 것이다. 전체적인 집 구조가 어떻게 되는지,
어느 부분을 어떻게 고치고 싶은지 머릿속으로 계속 시뮬레이션을 돌려봐야
실수 없이 셀프 인테리어가 가능하기 때문이다. 현재 거주하는 집의 평면도를
알고 있으면 좋겠지만, 혹시 모를 경우를 대비하여 준비했다.
일반적으로 많이 사용되는 주택 평면도, 함께 보도록 하자!

*'Bay(베이)'란?
아파트 전면 발코니를 기준으로 같은 방향에 위치하는 거실 또는 방의 개수를 말한다.
개수에 따라 2 Bay, 3 Bay, 4 Bay 등으로 말할 수 있다.

---

1 BAY 평면도

2 BAY 평면도

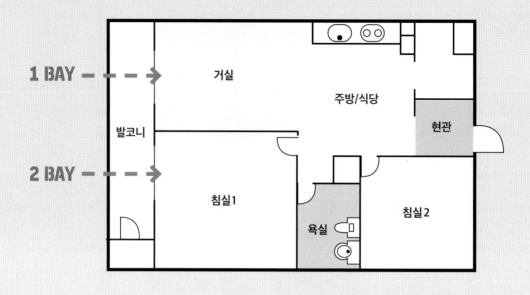

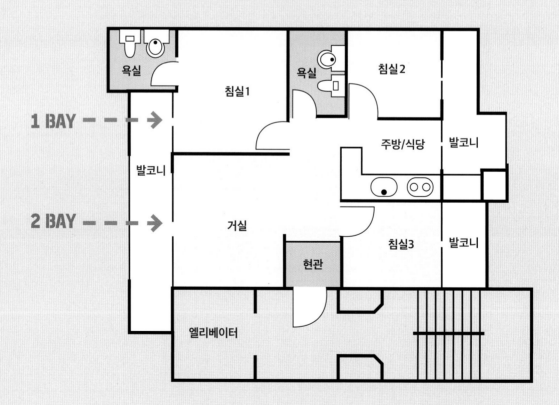

3 BAY 평면도

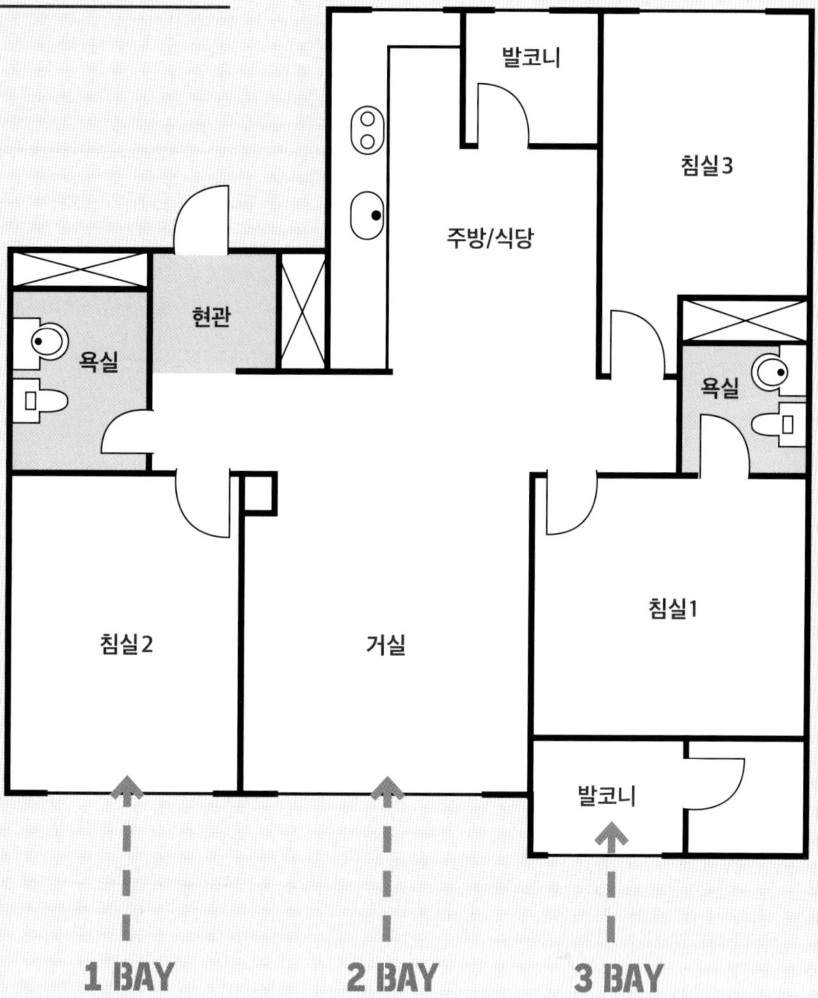

발코니

침실3

주방/식당

욕실

현관

욕실

침실2

거실

침실1

발코니

1 BAY

2 BAY

3 BAY

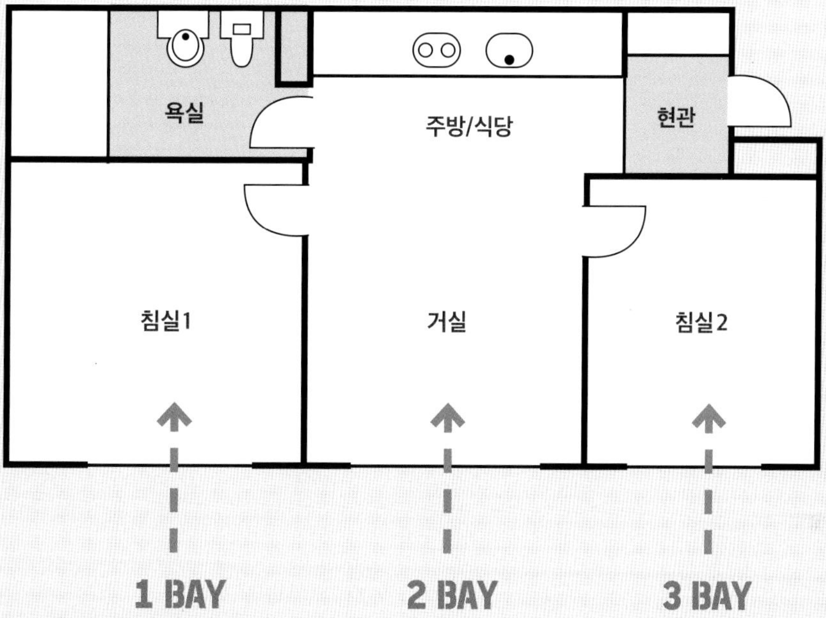

욕실

주방/식당

현관

침실1

거실

침실2

1 BAY

2 BAY

3 BAY

105

4 BAY 평면도

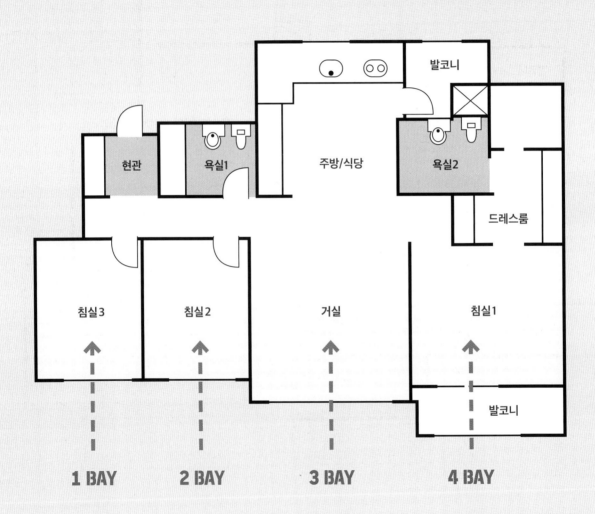

발코니

현관　　욕실1　　주방/식당　　욕실2

드레스룸

침실3　　침실2　　거실　　침실1

발코니

1 BAY　　**2 BAY**　　**3 BAY**　　**4 BAY**

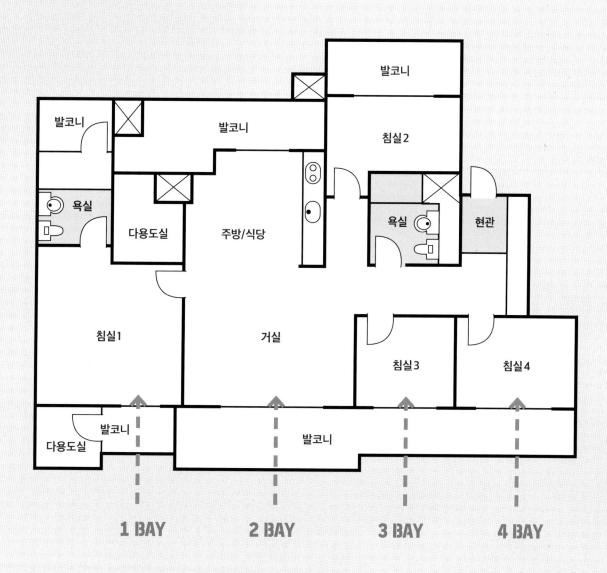

발코니

발코니

발코니

침실2

욕실

다용도실

주방/식당

욕실

현관

침실1

거실

침실3

침실4

발코니

다용도실

발코니

1 BAY

2 BAY

3 BAY

4 BAY

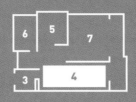

PART • 4

LIVING ROOM
거실

CHAPTER

1

BASIC
KNOW-HOW
기본 상식

거실은 가족들이 가장 많은 시간을 보내는 장소다.
마음 편하게 휴식을 취하고 정답게 이야기를 나누며 성을
쌓아가는 공간인 만큼 인테리어를 할 때 가장 많은 고민을 할
수밖에 없다. 애착을 갖고 가족의 라이프스타일을 반영한다면
우리 집만의 특별한 거실을 가질 수 있을 것이다. 가족이 누릴 수
있는 거실 공간 꾸미기에 앞서 반드시 알아야 하는 기본 상식을
체크하고 가자.

1 | 마루 & 장판

셀프 인테리어를 할 때 바닥재 선택은 가장 기본으로 해야할 일이다. 이때 많은 사람이 마루를 깔지, 아니면 장판을 깔지를 고민한다. 온 가족이 가장 많은 시간을 보내는 거실이기에 바닥재에 대한 고민이 특히 크다.

일반적으로 목재로 이루어진 마루는 장판보다 조금 더 고가에 속하지만 요철이 심한 바닥 지면도 고르게 커버할 수 있고 내구성이 좋아 튼튼하다는 점이 매력적이다. 하지만 유지 관리가 어렵고 실수로 무언가에 긁히거나 찍혔을 때 교체하기 어렵다는 단점도 지니고 있다.

반면에 PVC 소재로 만든 장판은 가격이 마루보다 저렴해 교체할 때 부담이 적다. 게다가 관리가 편하고 디자인이 다양해 여러 시도를 할 수 있다는 것도 장점 중 하나다. 하지만 PVC 소재인 만큼 무거운 물건이나 가구를 올려 둘 때 눌림 현상이 있을 수 있고, 요철이 심한 바닥에 깔 경우 시공 시 바닥 면이 울퉁불퉁하게 느껴질 수 있다는 단점도 있다.

2 | 원목 마루 촉 & 홈

일반적으로 사용하는 마루의 옆을 자세히 보면 삐죽 튀어나온 얇은 나무와 더불어 안으로 움푹 들어간 부분을 확인할 수 있을 것이다. 그걸 촉과 홈이라고 한다. 삐죽 튀어나온 촉을 살짝 들어간 홈에 끼워 넣어 마루가 흔들리지 않도록 고정하는 것이다. 전문가들은 촉을 '수놈', 홈을 '암놈'이라고 부르기도 한다.

3 | 매지 작업

타일이나 벽돌을 벽과 바닥에 붙이고 난 후 사이에 난 공간을 채워 주는 작업을 '매지 작업'이라고 부른다. 화장실이나 주방에서 흔히 하는 줄눈 작업이 이 매지 작업의 일종이라고 볼 수 있다. 벽돌의 경우 시멘트를 활용해 매지 작업을 한다.

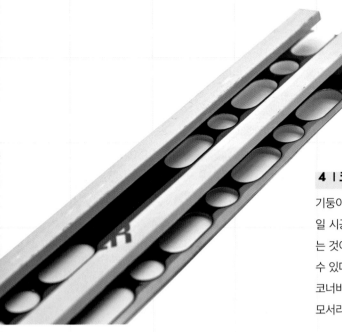

4 | 코너비드

기둥이나 모서리 부위를 보호하기 위해 밀착시키는 제품으로 타일 시공을 할 때 특히 많이 사용한다. 스테인리스 재질로 되어 있는 것이 일반적이지만, PVC나 알루미늄으로 된 제품들도 만나 볼수 있다. 문틀이 타일보다 들어가게 되는 상황이라면 문틀 주위로 코너비드를 돌려 마감하는 것이 미관상 좋다. 생활하는 중에 문의 모서리가 파괴되는 것을 방지할 수 있다.

5 | 파벽돌 타일

기존의 파벽돌을 특정 두께에 맞춰 여러 장 잘라 둔 것을 말한다. 일반 벽돌처럼 두껍지 않고 얇기 때문에 카페 내부나 일반 가정집 벽면을 꾸밀 때 유용하게 사용된다. 파벽돌을 자른 것이라 크기와 표면 상태가 고르지 않지만, 그 나름의 빈티지한 멋이 있어 꾸준히 인기를 얻고 있는 재료다.

6 | 우레탄 조명 몰딩

웨인스코팅과 같이 벽이나 천장에 포인트로 많이 사용하는 제품. 고급스러운 디자인과 더불어 기계 페인트칠을 해 두어 표면이 아주 매끄럽다. 덕분에 별도의 페인트칠이나 필름 시공 없이 바로 설치가 가능하다. 일반적으로 화이트, 골드, 실버 3가지 색상이 있는데 화이트를 제외한 다른 색상은 추가 도장을 해야 해서 화이트 제품보다 가격이 10% 정도 더 비싼 것이 특징이다.

CHAPTER
2

BASIC
INTERIOR
기본 인테리어

아주 작은 노력만으로도 집안의 분위기를 180도
바꿀 수 있다면 시도해 보지 않을 이유가 있을까?
그 공간이 모든 가족 구성원과 함께 사용할 거실이라면
더더욱 그렇다. 온 가족이 기뻐할 거실 셀프 인테리어
노하우를 함께 살펴보자.

✓ **CHECK 1**

금이 간 벽면 보수하기

<u>준비물</u>	조인트 테이프, 커터 칼, 퍼티, 헤라, 사포, 트레이, 페인트, 붓
<u>주의사항</u>	· 날카로운 도구를 사용할 때는 다치지 않도록 주의한다. · 프라이머 또는 페인트를 사용한 후에는 실내 공기를 충분히 환기한다.

Step 1 조인트 테이프 붙이기

01

02

금이 간 벽면 위에 조인트 테이프를 적당히 잘라 붙인다.

01 위에 하얀색 퍼티를 금속 헤라를 이용해 테이프를 덮을 정도로만 얇게 발라 준다.

03

04

퍼티가 다 마르면 사포를 이용해 겉면이 평평해지도록 정리해 준다.

Tip! 사포는 180~200 그릿 정도가 적당하다.

평평해진 벽면에 퍼티를 한 번 더 얇게 발라 준다.

Tip! 1차로 퍼티 작업한 면보다 더 넓게 발라서 튀어나온 경사를 완만하게 만들어야 보수 부위가 눈에 띄지 않는다.

Step 2 마무리하기

05

06

2차로 바른 퍼티가 다 마르면 마지막으로 한 번 더 사포로 겉면을 문질러 다듬어 준다.

비닐 커버를 깐 트레이에 기존 벽과 똑같은 색의 페인트를 적당히 부은 뒤 얇은 붓에 살짝 묻혀 **05**에 얇게 펴 바른다.

✓ CHECK 2

바닥에 데코 타일 깔기

준비물   핸드 그라인더, 콘크리트 연마용 컵날, 퍼티, 코너비드,
데코 타일, 데코 타일 본드(난방용), 데코 타일 본드용 헤라,
줄자, 먹줄, 걸레받이, 실리콘건

주의사항   · 날카로운 도구를 사용할 때는 다치지 않도록 주의한다.
· 필요에 따라 그라인더를 사용하게 되는 경우 회전하는 날에
손이 닿지 않도록 주의하고 장갑은 착용하지 않는다.
· 바닥 연마 시 분진이 매우 많이 발생할 수 있으니 방진
마스크와 안전 고글을 착용하는 것을 잊지 말자.
· 데코 타일 본드를 사용한 후에는 실내 공기를 충분히 환기한다.

Step 1 바닥 정리하기

핸드 그라인더를 사용해 요철이 있는 바닥을 평평하게 갈아
준다.

바닥이 움푹 들어간 곳은 퍼티를 발라 공간을 메워 준다.

Tip! 바닥이 평평한 상태라면 **01**, **02** 과정은 생략 가능하다.

코너비드에 실리콘을 쏜 뒤 단차가 있는 곳 모서리에 설치한다.

Tip! 코너비드는 데코 타일 두께만큼 더 튀어나오게 붙여서 나중에 자
연스럽게 연결되도록 한다.

기준선을 긋기 전 줄자를 이용해 매끄러워진 바닥의 사이즈
를 정확히 측정한다.

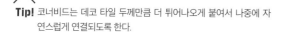

바닥 사이즈에 맞게 먹줄을 이용해 기준선을 그어 준다.

Step 2 데코 타일 작업 준비하기

06

바닥 사이즈를 고려해 데코 타일을 미리 재단한다.

Tip! 아야빠가 산 데코 타일의 경우 원장 길이가 92㎝라 바닥 사이즈
에 맞도록 31㎝와 61㎝로 미리 잘라 두었다.

07

바닥을 두 구간으로 나눈 뒤 데코 타일 전용 본드를 바닥에
2㎜ 정도의 두께로 골고루 발라 준다.

Tip! 전문가들은 넓은 구간을 한 번에 쓱 바르지만, 초보자들이 짧은
시간에 따라 하기 어려운 부분이다. 그렇기 때문에 본드를 한 번
에 다 바르려고 하지 말고 2~3구간 정도로 나눠 작업하는 것을
추천한다.

Tip! 이때, 데코 타일 본드 전용 헤라를 이용해 본드를 덜어 내 바닥에
놓은 뒤 좌우로 얇게 바르는 것이 포인트!

Step 3 데코 타일 붙이기

08

바닥 끝부분부터 타일을 차례대로 붙여 준다.

Tip! 처음에는 기준선에 맞춰 조금씩 붙였다 떼면서 수정하는 식으로
자리를 잡아주면 된다.

09

가장자리에 붙일 타일은 별도로 재단하여 나머지 공간이 모
두 메워질 수 있도록 붙여 준다.

Tip! 재단하는 법은 다음과 같다.
1) 기존 데코 타일이 끝나는 지점에 맞춰 첫 번째 데코 타일을 겹치도록
둔다.
2) 두 번째 데코 타일을 가장자리가 끝나는 벽에 맞춰 1) 위에 올려 둔다.
3) 첫 번째 데코 타일과 두 번째 데코 타일이 겹쳐지면서 튀어나온 여분
을 커터 칼로 조심스럽게 잘라 낸다.
4) 첫 번째, 두 번째 데코 타일을 모두 치우고 잘라 낸 여분을 가장자리
빈 공간에 맞춰 붙이면 끝!

Tip! 가장자리 재단은 약 7~8㎜ 정도 오차가 있어도 두께 9㎜ 걸레받
이를 시공하여 가릴 수 있다. 걸레받이 없이 마무리하려면 훨씬
정교하게 작업해야 하고, 시간이 부족한 초보자에겐 어려운 부분
이다.

10

남은 바닥에 마저 본드를 칠한 뒤 같은 방식으로 데코 타일을 붙여 준다.

Step 4 마무리하기

11

다음 날 타일에 묻은 본드를 손으로 긁어 떼어 낸다.

12

마지막으로 걸레받이를 잘라 벽에 붙여주고 실리콘으로 틈새를 막아 마무리한다.

✓ **CHECK 3**

마루 부분 보수하기

준비물   핸드 그라인더, 콘크리트 연마용 컵날, 건식 다이아몬드 날,
끌, 스크래퍼, 커터 칼, 사인펜, 마루 전용 본드, 헤라,
순간접착제, 고무망치

주의사항   · 날카로운 도구를 사용할 때는 다치지 않도록 주의한다.
· 그라인더 사용 시 회전하는 날에 손이 닿지 않도록 주의하고
  장갑은 착용하지 않는다.

Step 1 홈집 난 마루 뜯어내기

01

흠집이 나 망가진 마루 위치를 확인한다.

02

사인펜이나 커터 칼을 이용해 마루 겉면에 영어 대문자 "Y"
가 양쪽으로 이어진 모양이 되도록 그어 준다.

03

그라인더에 건식 다이아몬드 컵날을 끼운 뒤 선을 따라 마
루를 자르고 끌을 이용해 완전히 뜯어낸다.

⌃ **Tip!** 그라인더 날이 마루 두께보다 깊이 파고들어 바닥 난방 배관을 절
단하지 않도록 깊이 조절에 주의하자.

⌃ **Tip!** 그라인더 사용 시 분진이 많이 발생할 수 있으므로 집진기나 방진
상자를 준비하는 것이 좋다. 방진 상자의 경우 직접 만들 수도 있
다. 자세한 내용은 QR코드에 접속해 동영상을 참고할 것.

04

그라인더에 콘크리트 연마용 컵날을 끼운 뒤 마루를 떼어
내고 남은 바닥의 본드 자국을 긁어내 깔끔하게 정리한다.

⌃ **Tip!** 일부 충전식 그라인더는 배터리팩의 위치 때문에 컵날이 바닥과
수평이 되지 않아 작업이 불편할 수 있다.

05

바닥 가장자리에 남은 이물질은 스크래퍼를 이용해 한 번
더 제거해 준다.

06

마루 모서리와 마루 촉도 커터 칼로 꼼꼼하게 정리한다.

⌃ **Tip!** 마루 촉 아랫부분에 보이지 않는 본드나 마루 조각이 남아 있을 경우
새 마루가 들어가지 않을 수 있으니 잔여물 정리에 각별히 신경 쓰자.

Step 2 새 마루 설치하기

07

미리 준비해 둔 새 마루의 촉을 커터 칼로 제거한 뒤 바닥의 빈 공간에 넣어 잘 맞는지 확인한다.

Tip! 사이즈 체크만 하는 것이기 때문에 마루를 완전히 집어넣으면 안 된다. 또한, 마루의 특성상 수축 및 팽창 현상이 나타나 사이즈가 맞지 않을 수 있다. 그럴 때는 일단 빈 공간 주변의 기존 마루를 두드려 밀어 보고 여의치 않으면 사포를 이용해 새 마루의 옆면을 다듬어 사이즈를 살짝 줄여 준다.

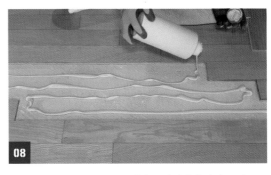

08

바닥에 마루용 본드를 붓고 헤라로 평평하게 발라 준다.

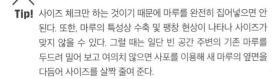

09

기존 마루의 가장자리에 순간접착제를 바른 뒤 **07**의 마루를 끼워 넣는다. 남은 마루도 같은 방식으로 끼워 넣는다.

Tip! 순간접착제가 굳기 전에 빠르게 자리를 잡는 것이 중요하다.

10

마루 조각을 대고 고무망치로 두드려 가며 잘 결합한다.

Tip! 이렇게 하면 새 마루에 상처를 남기지 않고 끼울 수 있다.

11

마루 주변에 삐져나온 본드는 물티슈로 닦아 깨끗하게 정리한다.

✓ **CHECK 4**

우레탄 조명 몰딩 설치하기

준비물　　우레탄 조명 몰딩, 전동 드릴

주의사항　· 날카로운 도구를 사용할 때는 다치지 않도록 주의한다.
　　　　　　· 작업 전 차단기를 반드시 내리고 멀티테스터를 활용해
　　　　　　　전원이 확실히 차단되었는지 확인한다.
　　　　　　· 공용 공간이라면 작업 중 타인이 차단기를 올리지 않도록
　　　　　　　주의한다.

Step 1 천장 조명 떼어 내기

01

천장에서 조명을 떼어 낸다.

02

벽지 마감이 덜 되어 있는 부분을 체크한 후 사이즈에 맞게 우레탄 조명 몰딩을 준비한다.

Step 2 우레탄 몰딩 설치하기

03

전동 드릴을 이용해 몰딩의 가운데 부분에 구멍을 적당히 뚫어 준다.

 Tip! 천장에서 빠져나온 전선을 빼내야 하기 때문에 구멍이 너무 작으면 안 된다. 전선이 충분히 나올 수 있도록 크기를 재 가면서 뚫는 것이 좋다.

04

우레탄 몰딩에 뚫은 구멍 사이로 천장에서 내려온 조명을 뺀 다음 천장 마감 안쪽에 있는 구조재를 찾아 그 자리에 나사를 박아 고정한다.

 Tip! 석고보드나 합판 자체에 우레탄 몰딩을 고정할 경우 무게를 이기지 못하고 조명과 함께 떨어질 수 있으니 주의한다.

05

조명 브래킷을 우레탄 몰딩 가운데 부분에 설치한 다음 조명을 연결해 준다.

✓ **CHECK 5**
파벽돌 타일 붙이기

준비물   파벽돌 타일, 실리콘건, 글루건, 멀티툴,
지그소, 줄눈 시멘트, 줄눈 고대, 양고대,
고무장갑, 대야, 보양 테이프,
커버링 테이프, 비닐

주의사항

01 파벽돌 타일 절단 시 다치지 않도록 주의한다.

02 파벽돌 타일 절단 시 분진이 다량 발생할 수 있다. 되도록 실외 작업을 추천하며, 방진 마스크와 안전 고글을 착용하는 것을 잊지 말자.

03 시공할 벽의 가로, 세로 사이즈를 측정한 후 파벽돌 타일 한 장의 크기를 체크해 작업에 필요한 벽돌 양을 계산한다. 예를 들어 전체 벽 높이가 220㎝, 넓이가 300㎝고 파벽돌은 가로 23㎝, 세로 7㎝ 크기라고 가정했을 때 계산법은 다음과 같다.

> 1) 파벽돌 가로 길이 23㎝ + 매지 1.5㎝ = 24.5㎝
>
> 2) 파벽돌 세로 길이 7㎝ + 매지 1.5㎝ = 8.5㎝
>
> 3) 전체 벽 높이 220㎝ ÷ 파벽돌 및 매지 길이 8.5㎝ = 25.88㎝
>
> 4) 전체 벽 넓이 300㎝ ÷ 파벽돌 및 매지 길이 24.5㎝ = 12.24㎝

위의 계산에 따라 전체 벽의 높이를 채울 때 약 25장 정도의 파벽돌이 필요하고, 넓이를 채우기 위해서는 약 12장의 파벽돌이 필요하다는 걸 알 수 있다. 25에 12를 곱하면 총 300장의 파벽돌을 준비해야 한다는 결론이 난다. 이처럼 벽의 사이즈에 맞춰 계산해 파벽돌을 준비하면 된다.

04 작업할 벽의 벽지를 모두 뜯어내고 파벽돌의 세로 길이와 매지의 길이를 합친 것(**03**의 계산법을 참고했을 때 약 8.5㎝)을 펜으로 벽 전체에 그어 미리 표시해 놓는다.
Tip! 일일이 손으로 긋는 것보다 먹줄(먹통)을 활용해 작업하는 것이 훨씬 수월하다.

05 실리콘, 핫 글루를 사용하지 않고 세라픽스와 같은 타일 본드를 사용하면 작업 시간을 훨씬 줄일 수 있다.

Step 1 파벽돌 붙이기

준비한 파벽돌 한 장을 집어 들고 중간에 실리콘을 길게 바른다.

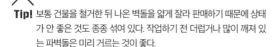 **Tip!** 보통 건물을 철거한 뒤 나온 벽돌을 얇게 잘라 판매하기 때문에 상태가 안 좋은 것도 종종 섞여 있다. 작업하기 전 더럽거나 많이 깨져 있는 파벽돌은 미리 거르는 것이 좋다.

01의 모서리 네 곳에 핫 글루를 쏴 준 후 벽에 표시해 둔 기준선에 맞춰 붙인다.

 Tip! 실리콘과 핫 글루는 많은 양을 쏴 주는 것이 관건이다. 특히, 핫 글루가 실리콘이 굳는 동안 타일을 고정하는 역할을 한다. 핫 글루가 굳기 전에 최대한 빨리 벽에 붙인 뒤 손으로 꾹 눌러 주는 것이 좋다.

02의 옆에 1.5㎝ 매지 간격을 두고 또 다른 파벽돌에 실리콘과 핫 글루를 쏴 준 후 붙여 준다. 나머지 벽면도 같은 방식으로 파벽돌을 붙여 채워 준다.

사이즈가 애매한 공간은 파벽돌을 잘라 붙여 공간을 채워 준다.

Tip! 벽돌 타일 절단에는 다이아몬드 터보날을 끼운 그라인더를 주로 사용한다.

Tip! 벽면이 꺾여 들어가는 형태라면 보다 세심하게 치수를 재야 한다. 맨 마지막에 붙인 파벽돌을 기준으로 매지 공간을 제외한 부분부터 시작해서 벽 끝까지 치수를 잰 뒤 파벽돌의 두께의 길이를 더해 재단하는 것이 좋다. 그래야 벽에서 꺾어 들어오는 파벽돌과 높이가 맞아 훨씬 자연스럽게 이어질 수 있다.

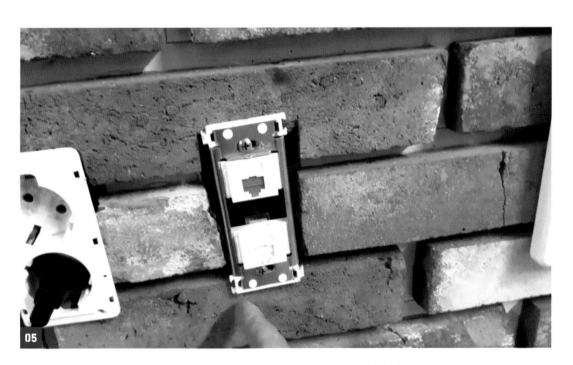

스위치가 있는 부분은 그 공간에 맞게 그라인더, 멀티툴 또는 지그소로 파벽돌을 잘라 붙인다.

Tip! 지그소로 파벽돌을 자를 때 최대한 조심히 천천히 작업해야 안전하다. 지그소 날에 파벽돌을 댄 후 약하게 작동시키다가 길이 나면 서서히 세게 강도를 올린다.

Step 2 줄눈 작업하기

파벽돌이 충분히 붙을 수 있도록 약 하루에서 이틀 정도 시간을 준 다음 줄눈을 넣기 위해 스위치나 바닥 등에 비닐과 커버링 테이프로 보양 작업을 해 준다.

대야에 줄눈 시멘트 2㎏ 한 봉지당 물 250㎖를 넣고 잘 섞는다.

양고대에 **07**을 조금 올린 다음 줄눈 고대를 이용해 파벽돌 사이 빈 공간에 밀어 넣어 채워 준다.

이때, 아래에서부터 위로 차근차근 올라가듯 시멘트를 채운다.

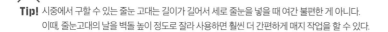
Tip! 시중에서 구할 수 있는 줄눈 고대는 길이가 길어서 세로 줄눈을 넣을 때 여간 불편한 게 아니다.

이때, 줄눈고대의 날을 벽돌 높이 정도로 잘라 사용하면 훨씬 더 간편하게 매지 작업을 할 수 있다.

Tip! 시멘트의 물을 벽돌이 다 흡수해 뻑뻑해지기 전에 최대한 빠르게 작업하는 것이 중요하다.

반셀프 인테리어를 위한 작업자 구하는 방법

남들처럼 씩씩하게 셀프 인테리어에 도전하고 싶어도 시간이 없거나 기술이
부족하고, 또는 체력이 달려 어쩔 수 없이 반셀프 인테리어로 방향을 트는 이들이
종종 있다. 셀프 인테리어보다 돈은 조금 들겠지만, 그래도 '금손'의 힘을 빌려
만족스러운 인테리어를 꾸밀 수 있을 것이다. 하지만 문제는 여기서 발생한다.
바로 믿을 만한 '금손' 작업자들을 구하는 게 생각보다 어렵다는 점이다.
그래서 준비했다. 아야빠의 인테리어 작업자 구하는 특급 노하우!

STEP 1
동네 인테리어 업체 문의하기

접근하기 가장 쉬운 방법부터 시작하도록 하자. 리모델링 작업을 해야 할 곳 근처에 인테리어 업체가 있는지 미리 파악한 뒤 차례대로 방문해 시공이 가능한지 물어본다. 이때, 두루뭉술하게 리모델링을 하고 싶다고 말하는 것은 절대 금지! 자신이 무엇을, 어떻게 하고 싶은지 먼저 파악하고 정리한 뒤 이야기를 꺼내야 덤터기를 쓰지 않는다.

동네 인테리어 업체의 경우 해당 건물에 대한 이해도가 높고 리모델링 결과 예시를 많이 가지고 있으므로 비교하며 그 집에 최적화된 계획을 세울 수 있다는 것이 가장 큰 장점이다. 하지만 가격대가 비교적 높은 편이고 도배나 장판, 필름지 등 각 항목 하나만 별도로 계약하기 어려울 확률이 높다. 동네에 도배 업체 따로, 장판 업체 따로, 욕실 인테리어 전문 업체가 따로 있다면 다행이지만, 그런 경우가 드물기 때문에 다음 단계로 넘어가는 걸 추천한다.

STEP 2
도매시장 업체 방문하기

동네 인테리어 업체 투어를 끝냈다면 이제는 인테리어 도매시장을 찾아갈 때다. 인테리어의 성지라고 할 수 있는 방산시장이나 청계천 광장시장 등을 예로 들 수 있겠다. 이러한 도매시장은 인테리어를 통으로 다루기보다는 분야별로 가게가 나누어져 있는 것이 특징이다. 한 분야에 특화되어 있는 가게이다 보니 더 자세한 이야기를 들을 수 있어 좋다. 또한, 업체들이 한 골목 안에 모여 있기 때문에 여러 업체를 돌아다니며 견적을 비교할 수 있다는 것도 장점 중 하나! 게다가 가격도 동네 인테리어 업체보다 훨씬 저렴한 편이다.

다만 집에서 멀리 떨어져 있는 경우가 많아 의사소통에 어려움이 있을 수 있다는 것을 단점으로 들 수 있다. 그뿐만 아니라 상담한 사람과 직접 시공하러 오는 사람이 다를 확률이 거의 99.9%라는 점도 아쉽다. 보통 이런 도매시장은 여러 시공 팀을 아래에 두고 작업을 분배하는 시스템으로 돌아가고 있기 때문이다. 괜찮은 시공 팀이 배당된다면 다행이지만, 이제 막 작업을 시작한 초보 팀이 찾아올 수도 있다. 게다가 동네 업체보다 시공할 장소에 대한 이해도가 낮아 예상치 못한 오류가 발생할 확률도 있다.

STEP 3

**인테리어 사이트에서
견적 내기**

도매시장은 물론이거니와 동네 인테리어 업체를 방문할 시간도 없다면 인테리어 사이트를 활용하는 것도 좋은 방법이다. 최근에는 인테리어 시공만을 전문으로 다루는 사이트가 많아졌는데, 다른 사람들의 시공 사례를 한눈에 볼 수 있어 좋다. 그뿐만 아니라 도배부터 장판, 필름지, 조명과 같은 시공부터 욕실이나 주방 리모델링과 같은 큰 공사까지 한 번에 신청할 수 있다. 별도의 상담 없이 몇 번의 클릭만으로 스스로 견적을 내 볼 수 있다는 점도 눈에 띈다.

하지만 비대면으로 일을 진행하기 때문에 원활한 의사소통이 어렵고 검증받은 실력의 기술자를 구하는 것도 하늘의 별따기라는 것이 문제. 게다가 자칫 잘못하다가는 오히려 오프라인 업체보다 훨씬 비싼 가격에 계약할 수 있으니 최대한 많은 사이트와 업체에 견적을 내 보고 비교할 것을 추천한다.

· 오늘의 집 www.ohou.se

· 숨고 www.soomgo.com

· 집다 myzibda.com

· 집닥 www.zipdoc.co.kr

· 위시홈 www.wishhome.co.kr

· 뚝딱 www.ttukttak.kr

· 네이버 카페 - 셀프 인테리어 cafe.naver.com/overseer

· 네이버 카페 - 인기통 cafe.naver.com/0404ab

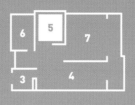

PART • 5

_____

KITCHEN
주방

_____

CHAPTER
1

BASIC
KNOW-HOW
기본 상식

주방은 수도와 연결된 공간인 만큼 다른 곳보다 신경 써야
할 것이 많다. 함부로 손을 댔다가는 자칫하면 큰 공사를
하게 될 수 있기 때문이다. 그러나 약간의 지식만 가지고
있다면 생각보다 쉽게 셀프 인테리어를 할 수 있다.

1 | 싱크대 상부장 & 하부장

싱크대의 기본 구성은 상부장과 하부장으로 이루어져 있다. 상부장은 이름 그대로 벽면의 윗부분에 설치된 장을 말하고, 하부장은 아랫면에 설치된 것을 뜻한다. 상부장은 일반적으로 레인지 후드와 수납장으로 이루어져 있고, 하부장은 가스레인지 또는 인덕션, 싱크볼, 그리고 수납장으로 채워져 있다. 보통은 싱크대를 설치할 때 상부장과 하부장을 모두 포함해서 설치하지만, 집주인의 취향에 따라 하부장만 남기고 상부장은 설치하지 않는 경우도 종종 있다.

2 | 싱크대 '─'자형 구조

가장 쉽게 만나 볼 수 있는 구조로, 조리대와 개수대 등이 한 벽면을 따라 일직선으로 놓인 것을 뜻한다. 기본형 구조이기 때문에 설치가 간단하고 비용이 비교적 저렴하다. 하지만 한 벽면에 가스레인지, 싱크볼, 조리대 공간을 모두 확보해야 하기 때문에 조금 비좁다고 느낄 수 있다. 또한 동선이 길어지는 것도 단점 중 하나.

3 | 싱크대 'ㄱ'자형 구조

두 개의 벽면에 싱크대를 'ㄱ'자 모양으로 배치한 형태. 공간 활용이 탁월하고 조리대 사이의 거리가 짧아 동선이 훨씬 효율적이다. 수납할 수 있는 공간도 늘어나 다인원이 사용하기에도 안성맞춤이다. 다만, 모서리 부분의 장은 수납력이 다소 떨어질 수 있다는 것이 아쉽다.

4 | 싱크대 'ㄷ'자형 구조

이름에서 알 수 있듯이 하부장 부분이 'ㄷ'자 형태로 되어 있는 구조로 비교적 넓은 평수에서 많이 만나 볼 수 있다. 삼면을 모두 활용할 수 있어 '─'자 형이나 'ㄱ'자 형보다 수납력이 훨씬 좋고 동선도 효율적이다. 또한, 하부장 한 부분을 아일랜드 식탁으로 변형하면 따로 식탁을 배치하지 않아도 된다. 좁은 공간에는 설치하기 어렵고 설치 비용도 커진다는 점이 아쉬운 부분이다.

5 | 싱크대 '11'자형 구조

'대면 구조'라고도 하는 '11'자형 구조는 조리대가 서로를 마주 보며 나란히 배치된 주방을 뜻한다. 넓은 조리대 하나를 추가적으로 설치함으로써 공간 확보는 물론이거니와 자유로운 동선까지 가능해진다. 그뿐만 아니라 대부분 거실을 바라보는 방향으로 별도의 조리대가 설치되어 있어 주방에 있어도 가족 구성원들과 의사소통을 원활하게 할 수 있다는 장점도 있다. 하지만 공간이 좁은 곳에서는 설치가 거의 불가능하고 기존에 있던 배수관이나 전기, 레인지 후드 등을 다시 설치해야 할 경우 공사 규모가 커지며 비용이 증가한다.

6 | 젠다이

인테리어 업계에서 흔히 사용하는 일본어로 '벽돌 조적식 선반'이라고 생각하면 쉽다. 보통 욕실에 많이 설치하지만 주방에도 젠다이를 설치할 때가 많다. 조리도구나 요리에 사용되는 재료들을 얹어 놓을 수 있어서 선호하는 이들이 많다. 요즘에는 젠다이를 설치하지 않고 벽면과 싱크대가 깔끔하게 떨어지도록 인테리어를 하는 경우도 있다.

7 | 싱크볼

주방 싱크대 하부장에 설치해서 물이 나오는 수도를 연결하여 그릇을 닦거나 요리 재료를 씻을 수 있도록 한 것. 주로 스테인리스 소재로 되어 있으며 넓이와 깊이, 모양에 따라 가격도 천차만별이다.

8 | 세라픽스

타일 시공할 때 필요한 타일 전용 본드다. 세라픽스는 수용성이므로 실내 벽체와 같이 건조한 공간에 주로 사용하는 것이 원칙이다. 욕실 바닥이나 베란다 등 물이 쉽게 닿는 곳에 타일을 시공할 경우 세라픽스 대신 압착 시멘트나 드라이픽스를 사용하는 게 좋다. 하지만 실제 시공에서는 욕실에서도 세라픽스를 자주 사용한다. 특히, 주방 벽과 같이 물이 비교적 덜 닿는 곳은 세라픽스를 사용해 타일 시공을 해도 무방해서 쓰임이 많다.

CHAPTER
2

BASIC
INTERIOR
기본 인테리어

인테리어 초보자들에게는 마냥 어렵게만 느껴지는 공간, 주방!
하지만 약간의 노하우만 있다면 크게 어려울 것도 없다.
누구나 쉽게 따라 할 수 있는 주방 인테리어 노하우를 공개한다.

싱크대 철거하기

준비물   전동 드릴, 커터 칼

주의사항   · 날카로운 도구를 사용할 때는 다치지 않도록 주의한다.
           · 하부장을 먼저 철거한 뒤 상부장을 철거한다.
           · 싱크대를 철거할 때 난방 배관이 파손되지 않도록 주의한다.
           · 작업 전 반드시 상수도 밸브를 닫는다.

Step 1 작업 준비하기

각 지역별 도시가스 업체에 미리 연락해 가스 공급을 끊은 후 가스 밸브를 분리해 준다.

Tip! 도시가스 업체에 연락하면 가스 밸브를 대신 분리해 주기도 한다. 위험할 수 있으니 도시가스 업체에 부탁하는 것을 권한다.

싱크대 하부장 아래쪽 커버와 문, 선반 등을 모두 떼어 낸다.

Tip! 철거 작업을 하다 자칫 잘못하면 손을 다칠 수 있다. 되도록 작업 전 보호 장갑을 착용하는 것이 좋다.

싱크대 수전으로 가는 냉온수 밸브를 닫고 고압 호스를 분리한다.

하수도관도 미리 빼낸다.

Step 2 싱크대 하부장 철거하기

싱크대 주변에 붙은 실리콘은 커터 칼을 이용해 모두 제거한다.

싱크대 하부장에 있는 가스레인지 상판을 천천히 들어 올려 떼어 낸 뒤 나머지 구조물은 전동드릴로 나사를 풀어 차례대로 분리해 떼어 낸다.

싱크대 상판 젠다이는 약간의 힘을 주어 들어 올린 다음 분리한다.

나머지 싱크대 하부장을 천천히 들어 옆으로 밀듯이 떼어 낸다.

Tip! 하부장 쪽에는 난방 밸브가 모여 있을 확률이 높다. 난방 밸브에 하부장 구조물이 걸리지 않도록 잘 보면서 천천히 제거하는 것이 좋다.

탈거가 끝난 싱크대는 전동 드릴을 이용해 나사를 모두 풀어 분해한다.

Tip! 분해할 때는 판자에 박혀 있는 나사를 밟지 않도록 조심한다.

Step 3 싱크대 상부장 철거하기

싱크대 상부장에 달린 문과 선반을 모두 떼어 낸다.

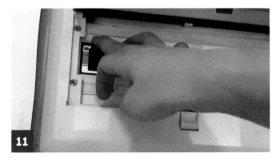

두꺼비집 속 차단기를 내린다.

Tip! 전기 작업 전에는 반드시 차단기를 내려야 한다. 그래야 감전 사고가 일어나지 않는다. 이때, 작업 중에 다른 사람이 차단기를 다시 올리는 일이 없도록 주의한다.

레인지 후드 윗부분에 있는 배기관을 분리하고 전원 코드도 분리한다. 콘센트를 분리해야 한다면 전선은 절연 테이프로 감아 둔다.

상부장 위에 설치된 몰딩을 걷어 낸 후 제일 끝에 있는 상부장부터 차례대로 분해한다.

레인지 후드와 이를 감싸고 있던 상부장도 분해해 천천히 아래로 내린다.

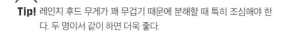

Tip! 레인지 후드 무게가 꽤 무겁기 때문에 분해할 때 특히 조심해야 한다. 두 명이서 같이 하면 더욱 좋다.

벽에 박힌 상부장 거치대도 전동 드릴을 이용해 떼어 낸다.

발생한 쓰레기들을 모두 정리해 버리면 끝!

Tip! 싱크대를 버릴 때는 대형 폐기물 스티커를 붙여야 한다는 것도 잊지 말자.

✓ **CHECK 2**

주방 타일 덧방하기

준비물   타일(100x300㎜) 5박스, 타일 커터, 수평기, 줄자, 세라픽스,
톱니 고대, 렝가고대, 타일 T자 스페이스(1.2~1.5㎜), 일자
드라이버, 줄눈용 시멘트(2㎏), 대야, 고무장갑

주의사항   · 날카로운 도구를 사용할 때는 다치지 않도록 주의한다.
· 타일은 300x600㎜ 이하로 준비한다. 그 이상의 사이즈는
세라픽스로 붙이기 어렵다.

Step 1 타일 위치 잡기

타일을 붙일 벽 사이즈를 줄자로 재서 타일이 몇 장 필요한지 확인한다.

줄자로 타일을 붙일 높이부터 체크한 뒤 수평기를 이용해 수평을 맞춰 선을 그어 준다.

Tip! 첫 타일을 붙일 높이는 추후에 설치할 싱크대 높이를 기준으로 1cm 정도 낮춰 잡는다. 싱크대가 이미 설치된 상태라면 싱크대 상단 실리콘을 걷어 내고 붙이기 시작하면 된다.

Step 2 타일 붙이기

02의 선을 기준으로 잡은 다음 톱니 고대로 타일 전용 본드인 세라픽스를 기존 타일 벽면에 발라 준다.

03에 새로 준비한 타일을 빠르게 붙여 준다. 재단한 타일은 자른 부분이 가장자리로 가도록 붙인다.

Tip! 본드를 바를 때는 가로세로로 여러 번 문질러 본드 두께가 일정해지도록 하는 것이 포인트! 너무 두껍게 바르면 타일 사이로 빠져나올 수 있으니 주의한다.

Tip! 본드를 바르고 20분 이내에 타일을 붙여야 한다. 만약 시간이 지나면 도포한 타일 본드에 겉마름이 진행돼 타일이 단단히 붙지 않아 하자가 생길 수 있다.

Tip! 세라픽스를 한 번에 많은 양을 벽면 전체에 바르는 것이 아니라 구간을 나눠 구간마다 20분 이내에 붙일 수 있도록 한다. 처음에는 타일을 두 줄 붙일 위치에만 세라픽스를 바르고 어느 정도 손에 익으면 다음 구간부터는 더 넓게 발라 진행한다.

줄눈 간격을 맞추기 위해 타일을 붙일 때 사이사이에 스페이스를 끼워 넣는다.

나중에 줄눈을 넣을 때 스페이스가 보이지 않도록 일자 드라이버로 스페이스를 꾹 눌러 안으로 밀어 넣는다.

타일 사이로 삐져나온 본드는 물티슈로 닦거나 드라이버 등으로 긁어낸다.

Step 3 줄눈 넣기

대야에 줄눈용 시멘트를 넣고 물을 부은 뒤 잘 섞어 준다.

 Tip! 물의 양은 줄눈용 시멘트 포장지에 적힌 대로 따르는 것을 추천한다. 일반적으로 치약 정도의 묽기가 되면 적당하다.

고무장갑을 낀 손으로 반 주먹 정도 줄눈 반죽을 떠서 타일 틈 사이로 밀어 넣어 준다.

Tip! 대부분의 업자들은 작업 시간을 줄이기 위해 타일본드 시공 당일 줄눈 작업을 진행하지만, 정석대로라면 타일을 붙이고 최소 하루 정도는 줄눈을 넣지 않고 두어야 한다. 그래야 타일본드가 제대로 경화된다.

스펀지에 물을 적셔 짠 다음 지저분해진 타일 표면을 깨끗하게 닦아 내고 두꺼워진 줄눈도 얇게 정리한다.

 Tip! 시멘트 얼룩이 엄청 생기기 때문에 물에 적신 스펀지로 여러 번 타일을 닦아 줘야 한다.

✓ CHECK 3

셀프 싱크대 설치하기

준비물   이케아 싱크대, 싱크볼, 레인지 후드, 거위 목 수전,
싱크대 손잡이, 전동 드릴, 줄자, 지그소, 청소기, 실리콘건,
헤라, 방진 테이프, 쇠톱, 홀쏘

주의사항   · 싱크대 및 부속품은 종류에 따라 설치 방법이 다를 수 있으니
작업 전 설명서를 꼼꼼하게 정독한다.
· 아야빠의 경우 상부장이 필요 없어 별도로 구매하지 않았다.
상부장까지 설치하고 싶다면 추가로 구매하면 된다.

Step 1 싱크대 조립하기

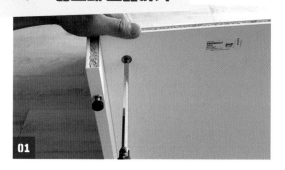

구입한 싱크대의 설명서대로 하부장을 조립한다.

Tip! 이케아는 싱크대와 싱크볼, 하부 배관을 모두 따로 구매해야 한다. 각각의 부품마다 조립 매뉴얼이 들어 있는데, 문제는 이 매뉴얼이 상호보완적이지 않다는 것에 있다. 예를 들어, 기껏 싱크대를 다 조립했는데 나중에 싱크볼 매뉴얼을 보면 싱크대 상판을 설치하기 전에 싱크볼 구멍을 뚫으라고 나와 있기도 한다. 그러니 사전에 모든 매뉴얼을 꺼내서 한꺼번에 다 읽어 본 다음 조립해야 함을 잊지 말자.

싱크대 하부장 몸통의 조립이 끝나면 그 위에 상판을 설치한다.

Tip! 상판을 달 때는 앞쪽에 달릴 문짝 두께도 염두에 둬야 한다. 예를 들어, 문짝 두께가 18mm라면 상판이 앞쪽으로 20mm 이상은 나오도록 설치한다.

Step 2 싱크대 자리 잡기

싱크대 자리에 있는 난방 장치의 크기를 잰 다음 하부장 아래에 연필이나 펜으로 사이즈에 맞춰 선을 긋는다.

Tip! 뒷벽과 옆벽에서부터 난방 장치까지의 거리를 체크해서 정확한 위치에 선을 그려야 한다.

하부장을 옆으로 눕힌 뒤 03의 선을 지그소로 잘라 난방 장치가 빠져나올 구멍을 뚫어 준다.

Tip! 지그소로 자르기 전 03에서 그린 선의 모서리마다 전동 드릴로 구멍을 내는 것이 좋다. 지그소로 그 구멍을 잇는다는 생각으로 작업하면 훨씬 수월하게 자를 수 있다.

147

싱크대를 난방 장치 앞에 엎어 둔 다음 뒷벽에 맞춰 천천히 들어 올리고 배관이 걸리는 곳이 없나 확인하며 자리를 잡는다.

경첩을 하부장과 문 가장자리에 달아 준 뒤 둘의 나사를 조여 문을 설치한다.

 Tip! 문에 장착한 경첩의 앞쪽 조절 나사를 보면 살짝 튀어나온 것을 확인할 수 있다. 이 부분을 하부장 본체에 설치한 경첩 홈에 잘 끼우고 뒤쪽 나사를 고정해야 문이 제대로 장착된다.

손잡이를 설치할 자리를 확인한 후 살짝 찍어 표시하고 전동 드릴로 구멍을 낸다.

따로 구매해 둔 손잡이를 **07**에 설치한다.

Step 3 싱크볼 자리잡기

싱크볼을 설치하기 전 배수관의 길이와 싱크볼의 크기, 하부장 안쪽 공간의 넓이 등을 꼼꼼하게 체크한다.

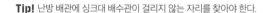

Tip! 난방 배관에 싱크대 배수관이 걸리지 않는 자리를 찾아야 한다.

싱크대 상판에 싱크볼을 뒤집어 올린 다음 앞뒤 프레임 거리를 빼고 1㎝ 정도 더 안쪽으로 들어가게끔 자리를 잡는다.

연필로 싱크볼 둘레를 따라 그어 표시한 뒤 그 안쪽으로 1㎝ 정도 들어가는 선을 다시 그려 준다.

11의 안쪽 선 네 개의 꼭짓점을 전동 드릴로 뚫고 안쪽 선을 따라 지그소로 상판을 자른다.

청소기로 **12**의 절단면에 붙은 톱밥을 쭉 빨아들인다.

실리콘을 절단면에 쏴 준 다음 헤라로 얇게 펴 바른다.

149

Step 4 싱크볼 결합하기

싱크볼 바깥 면에 방진 패드를 붙이고 상단 안쪽에는 싱크
대 상판과 밀착시켜 줄 클립을 걸어 준다.

수전을 싱크볼에 설치한다.

싱크볼을 상판에 뚫어 둔 구멍에 넣어 끼운 후 아래쪽에서 클립의 나사를 조여 싱크대와 싱크볼을 밀착시킨다.

Step 5 배수관 연결하기

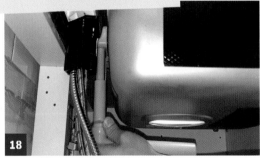

수전 락너트와 싱크볼 사이에 물구멍 배관 상단 부분을 끼
워 연결한다.

18의 배관이 싱크볼 배수구 쪽으로 튀어나온 것을 확인한
다음 펜으로 자를 부위를 표시해 준다.

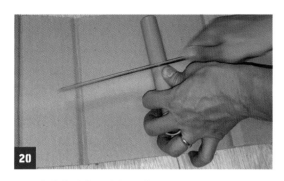

물구멍 하단 배관을 빼낸 후 쇠톱을 이용해 **19**에 표시한 부분을 잘라 준다.

싱크볼에 배수 트랩을 끼우고 **20**에 물구멍 배관을 차례대로 연결한다.

PVC 주름관까지 마저 설치한다.

Step 6 레인지 후드 설치하기

레인지 후드 구매 시 함께 오는 설치 템플릿을 벽면에 붙인다.

템플릿에 표시된 위치에 콘크리트용 드릴날로 구멍을 뚫어 준다.

Tip! 설치 템플릿에는 레인지 후드 설치 시 타공 위치가 표시되어 있어서 편리하게 브래킷을 달 수 있다. 이때, 레인지 후드를 설치할 높이를 고려하여 템플릿을 붙이는 것이 중요하다.

템플릿을 떼어 내고 구멍을 낸 자리에 레인지 후드 브래킷을 박아 준다.

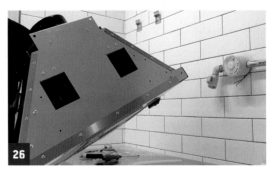

레인지 후드 뒤에 네모 형태로 뚫린 부분에 브래킷을 꽂아 연결한다.

레인지 후드 아래쪽 망을 열어 브래킷 위치를 확인한 다음 전동 드릴로 나머지 나사를 연결해 고정한다.

배기용 주름관을 레인지 후드 본체와 기존의 배기관에 이어 준다.

배기관 커버용 브래킷을 천장에 최대한 가깝게 설치한 후 천장에서 내려온 콘센트에 레인지 후드 전원을 연결한다.

마지막으로 배기관 커버를 레인지 후드 본체와 천장 쪽 브래킷에 나사로 고정하면 끝!

✓ **CHECK 4**
싱크대 수전 교체하기

준비물   싱크대 수전, 멍키스패너, 바이스 플라이어

주의사항   · 작업 전 싱크대 하부장에 위치한 온수관과 냉수관 밸브를 닫아
수돗물을 차단한다.
· 식기세척기 또는 정수기와도 연결되어 있다면 해당 밸브도
닫는다.
· 마지막으로 수도꼭지를 틀어 보고 물이 안 나오는 것을 반드시
확인한다.

Step 1 기존 수전 분해하기

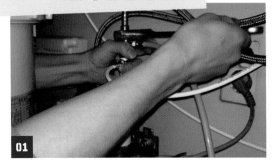

01

냉수관과 온수관의 볼트를 멍키스패너로 조금 풀다가 나머지는 손으로 돌려 떼어 낸다.

Tip! 호스에 남은 물이 나올 수 있으니 아래에 그릇이나 볼을 대고 작업하는 것이 좋다.

02

싱크볼 아래쪽에 위치한 수전 연결 부위 볼트는 바이스 플라이어를 활용해 풀어 준다.

Tip! 고압호스와 수전 연결 부분이 분리가 되지 않는다면 펜치로 아예 잘라 분리한다.

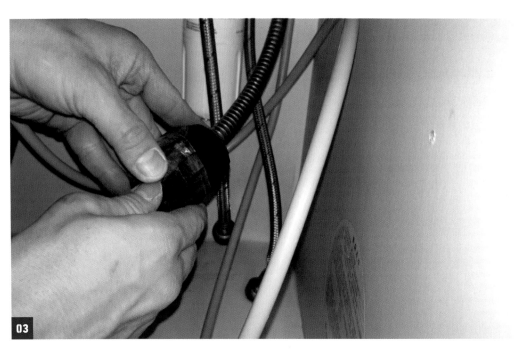

03

오래된 무게 추도 분리해 준 다음 수전을 잡아당겨 완전히 빼낸다.

Step 2 새로운 수전 설치하기

싱크대 볼 상단에 위치한 구멍에 새로운 수전의 호스를 차
례대로 집어넣는다.

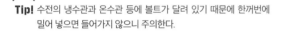

Tip! 수전의 냉수관과 온수관 등에 볼트가 달려 있기 때문에 한꺼번에
밀어 넣으면 들어가지 않으니 주의한다.

싱크볼에 연결되어 있는 수전을 잡아 물줄기 방향을 결정한
뒤 아래쪽에서 락너트를 돌려 고정한다.

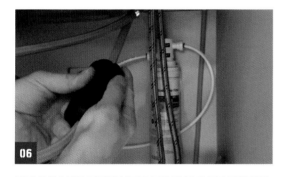

먼저 혼합수관을 연결해 볼트를 조인 뒤 무게 추를 달아 준다.

Tip! 위쪽에 있는 수전 호스를 잡아당겨 무게 추가 제대로 올라가는지
확인한다.

냉수관과 온수관을 차례대로 연결한 뒤 수도 밸브를 다시 연다.

Tip! 냉수관과 온수관이 짧을 경우 니플 조절대를 추가로 구매해 연결
하면 해결할 수 있다.

✓ **CHECK 5**

싱크볼 실리콘 쏘기

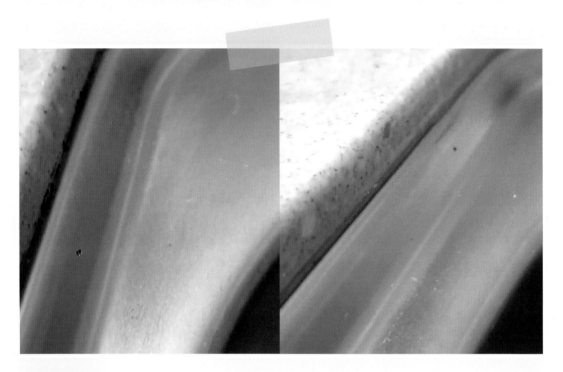

준비물   칫솔, 라이터, 커터 칼, 바이오 실리콘건, 실리콘 헤라

주의사항   · 날카로운 도구를 사용할 때는 다치지 않도록 주의한다.
　　　　　· 실리콘건이나 글루건을 사용할 때는 손에 묻지 않도록
　　　　　　주의하고 되도록이면 작업용 장갑을 착용한다.

Step 1 기존 실리콘 제거하기

못 쓰는 칫솔 헤드 아랫부분을 라이터 불로 지져 살짝 말랑하게 만든 뒤 적당히 구부린다.

기존 실리콘을 제거하기 전 **01**의 칫솔로 곰팡이나 더러운 부분을 문질러 닦아 낸다.

커터 칼을 이용해 오래된 실리콘을 걷어 낸다.

Tip! 이때, 싱크볼 가장자리에 곰팡이가 남아 있지 않도록 최대한 깨끗하게 제거한다.

Step 2 실리콘 작업하기

오래된 실리콘과 곰팡이가 말끔히 제거된 싱크볼 가장자리에 곰팡이 방지용 바이오 실리콘을 천천히 쏴 준다.

실리콘 헤라로 싱크볼에 쏜 실리콘을 살짝 긁어내듯 밀어 매끈하게 정리한다.

Tip! 좁은 공간에 실리콘을 쏴야 하므로 노즐을 별도로 자르지 않는다.

셀프 인테리어의 기본!
폐기물 처리 노하우

인테리어 작업을 할 때 예상외로 많은 이의 발목을 잡는 것이 바로
폐기물 처리 문제다. 단순히 시공만 해도 쓰레기가 많이 나오는데,
욕실이나 주방 등을 철거하게 되면 예상보다 훨씬 더 많은 폐기물이 쏟아져
나오기 때문이다. 갑작스러운 쓰레기 더미 앞에서 당황해 어쩔 줄 모르게 될
인테리어 입문자들을 위해 아야빠가 폐기물 처리 노하우를 알려 준다.

CHECK 1
시공 업체
폐기물 처리
여부 확인하기

모든 인테리어 과정을 직접 하면 좋겠지만, 사정상 몇몇 시공은 전문가를 불러 진행한 경우도 있을 것이다. 이럴 때 작업 도중 나온 폐기물을 전문가가 모두 가져갈 것이라고 생각하기 쉽다. 그러나 가져가지 않고 그대로 두고 가는 경우도 꽤 많다. 반드시 공사 전에 폐기물 처리를 해 주는지 체크하는 것이 좋다. 폐기물을 담을 쓰레기봉투만 준비해 달라고 할 수 있지만, 폐기물 처리에 대한 별도의 비용을 청구할 수도 있다는 것을 알아 두자.

CHECK 2
각 지자체 홈페이지
폐기물 처리 방법
숙지하기

인테리어 전문가 없이 오롯이 혼자 힘으로 인테리어를 했다면 쓰레기도 직접 버려야 한다. 하지만 아무런 사전 지식 없이 폐기물을 무작정 버리다가는 수거가 거부되거나 벌금을 내야 할 수도 있다. 그렇기 때문에 쓰레기를 버리기 전 반드시 폐기물 처리 방법을 알아봐야 하는데, 해당 지역 지자체 홈페이지에 접속하면 문제를 해결할 수 있다. 기본적으로 시청이나 구청 등의 홈페이지에는 일반 쓰레기는 물론 대형 폐기물 처리 방법이 상세하게 나와 있다. 안내에 따라 폐기물을 차례대로 분류하면 되는데, 일반적으로 대형 폐기물의 경우 일반 쓰레기봉투가 아닌 특수 마대 자루에 담아 버려야 할 확률이 높다. 마대 자루를 어디에서 구매할 수 있는지도 홈페이지에 나와 있으니 꼼꼼히 안내 사항을 읽어 보는 것이 좋다.
또한, 그동안 주민센터에서 발급받던 폐기물 스티커도 각 지자체 홈페이지에서 발급이 가능하다. 직접 주민센터까지 가는 것이 불가능하다면 홈페이지를 통해 폐기물 수거 신청을 한 뒤 해당 내용을 인쇄해 쓰레기에 붙여 함께 버리면 되므로 편리하다.

CHECK 3

각 지자체 청소행정과에 연락하기

홈페이지를 봐도 폐기물 처리에 대한 제대로 된 기준을 모를 수도 있고, 또 개인적인 사정으로 인터넷 접속이 어려운 상황이 발생할 수도 있다. 이럴 때는 각 지자체 청소행정과에 직접 연락해 보는 것을 추천한다. 대부분의 지자체에서는 해당 지역의 폐기물을 처리하는 지정 업체를 별도로 두고 있기 마련이다. 각 지자체 청소행정과에 전화해 해당 업체의 연락처를 알려 달라고 요청하자. 업체에 연락처를 안내 받은 후 해당 번호로 전화하면 보통 하루 이틀 만에 폐기물을 수거해 간다.

CHECK 4

대형 폐기물 배출 애플리케이션 '빼기' 이용하기

대형 폐기물 스티커를 별도로 구매하지 않아도, 지자체 홈페이지에 접속하지 않고도 간단하게 대형 폐기물을 배출할 방법이 있다. 바로 애플리케이션 '빼기'를 사용하는 것이다. 국내 최초로 AI 기반 대형 폐기물 배출 서비스 플랫폼으로 폐기물 스티커를 별도로 구매하거나 프린트해서 부착하지 않아도 되는 것이 큰 장점이다. 애플리케이션에 접속해 집 주소를 등록한 다음 배출할 폐기물을 적고 폐기물 스티커 비용을 결제하면 완료! 그러면 알파벳과 숫자가 결합된 번호가 주어지는데, 배출 쓰레기 겉면에 해당 번호를 적어서 지정된 장소에 내보내기만 하면 된다. 다만, 이 서비스를 전국 모든 지역에서 사용할 수는 없다는 것이 아쉬운 점이다. 2022년 3월 현재 서비스 가능한 지역은 다음과 같다.

· **서울시** 강서구, 구로구, 마포구, 서초구, 성동구
· **경기도** 고양시, 김포시, 동두천시, 성남시, 수원시, 안성시, 양주시, 용인시, 의정부시, 파주시, 포천시, 화성시
· **인천** 미추홀구, 연수구　　　　　　· **경북** 성주군, 의성군
· **충북** 영동군, 청주시　　　　　　　· **경남** 김해시, 양산시, 창원시
· **충남** 당진시, 서산시, 아산시　　　· **대구** 남구
· **전남** 목포시, 정읍시

CHECK 5

화학 물질 안전하게 처리하기

벽돌이나 나무와 같은 커다란 폐기물을 처리하는 것도 골치 아프지만, 페인트 작업을 하거나 청소 작업을 할 때 나오는 화학 물질을 처리할 때도 만만치 않은 어려움이 따른다. 이러한 물건들은 폐기물 업체에서도 좀처럼 처리를 하지 않기 때문에 스스로 처리 방법을 알아내 진행해야 한다. 이런 경우 보통 제품을 구매한 제조사의 안내에 따라 제품을 처리하면 되는데, 반드시 눈 보호 기구와 작업 장갑 또는 고무장갑을 착용한 후 안전하게 진행해야 한다. 화학 물질을 버리기 전까지는 햇빛이 잘 닿지 않고 아이들이나 노약자의 손이 닿지 않는 안전한 곳에 보관해야 하는 것도 잊지 말자.

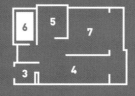

PART · 6

BATHROOM
욕실

CHAPTER

1

BASIC
KNOW-HOW

기본 상식

리모델링 견적을 뽑아 보면 가장 큰 비용을 차지하는 공간 중
하나가 바로 욕실이다. 타일 작업이 필수일 뿐만 아니라,
각종 수도 설비로 인해 신경 써야 할 부분이 많기 때문!
그런 욕실에 과감히 도전하고 싶은 이들을 위해 준비했다.
욕실 인테리어에 대한 기본 상식을 모두 알려 준다.

1 | 유리칼

유리나 타일을 원하는 사이즈로 잘라 낼 때 사용하는 도구. '다이아몬드 날'이라고 부르는 특수 제작 날로 유리에 가볍게 선을 그으며 손잡이 윗부분을 툭툭 치면 유리가 깔끔하게 잘린다.

2 | 앵글밸브

밸브의 한 종류로 입구와 출구의 방향이 90도가 되도록 휘어져 있는 것을 말한다. 배관을 직각으로 바꿀 필요가 있는 장소에 주로 사용하며 흔히 주방이나 욕실에서 볼 수 있다.

3 | 메꾸라

뻥 뚫린 수도 배관을 임시로 막을 때 사용하는 제품. PVC 소재로 되어 있으며 철물점에서 쉽게 구할 수 있다. 15A, 20A, 25A 등 다양한 규격이 있지만 보통 15A를 많이 사용한다. 임시적으로가 아니라 사용하지 않는 수도관을 완전히 폐쇄할 목적이라면 황동이나 스테인리스 재질로 된 것을 사용하자.

타일 시공 방법

집의 컨디션에 따라, 시공자의 실력에 따라 욕실 타일을 붙이는 방법이 달라질 수 있다. 보통 크게 두 가지로 나눌 수 있는데, 압착 시공과 계량 압착 시공이 바로 그것이다.

· 압착 시공

평평한 벽면에 타일 전용 본드나 압착 시멘트를 바른 뒤 바로 타일을 붙이는 방식이다. 직관적이면서도 매우 간단해서 시공 시간도 오래 걸리지 않아 처음 타일 시공을 하는 사람들이 도전하기 좋다. 다만, 벽면에만 본드 또는 시멘트를 발라 두기 때문에 내구성이 다소 떨어질 수 있다는 것이 단점이다.

· 계량 압착 시공

기존의 압착 시공에서 한 단계 더 나아간 것으로 벽면뿐만 아니라 벽에 붙일 타일에도 접착제를 바르는 것이 특징이다. 양쪽 모두에 접착제를 발랐기 때문에 기존 압착 시공보다 더 강력하게 붙어 있을 수 있다. 하지만 타일에도 일일이 접착제를 발라야 하므로 시공 시간이 압착 시공보다 다소 오래 걸린다.

4 | 앵커볼트

'앵커볼트' 또는 '앙카볼트'라고도 부르는 제품으로 콘크리트에 시공 후 무거운 물건을 벽이나 천장에 고정할 때 사용한다. 금속으로 된 확장형 앵커와 접착제를 넣어서 고정하는 접착계 앵커, 그리고 플라스틱 소재로 된 앵커가 있는데, 가정에서는 흔히 확장형 앵커를 많이 사용한다. 욕실에서는 세면대를 벽에 고정하는 용도로 사용한다.

5 | 세면대 팝업

세면대 바닥을 보면 배수관으로 물이 흐르는 걸 막을 때 사용하는 동그란 마개를 볼 수 있는데, 이것을 '팝업'이라고 부른다. 최근에는 손으로 살짝 누르면 열리고 다시 누르면 닫히는 구조로 되어 있는 자동 팝업을 많이 사용한다.

6 | U트랩 & P트랩 & I트랩

배수관 트랩의 종류로 모양에 따라 이름이 달라진다. 알파벳 U자를 닮은 것을 'U트랩'이라고 부르고, P자를 닮은 것을 'P트랩'이라고 부른다. 'I트랩'은 일자로 쭉 뻗어 나가는 기본 트랩을 말한다.

7 | 변기

변기의 구조는 크게 저수조와 양변기로 이루어져 있다. 변기에 딱 앉았을 때 등 뒤에 있는 것이 저수조인데, 쉽게 말해 물탱크라고 할 수 있다. 저수조에는 변기 손잡이부터 물 보충관, 넘침관, 부구, 부구 조절 밸브 등 변기에 물을 공급하기 위해 필요한 부품들이 포함되어 있다. 하단에 있는 양변기에 설치할 변기 커버는 별도로 구매해야 한다.

8 | 양수기함

수도 계량기를 벽체에 매립해 보관한 것을 뜻한다. 아파트의 경우 각 집의 현관문 바로 옆 벽체에 있는 경우가 많고, 주택이나 상가의 경우 외부 마당이나 주차장 바닥에 매립되어 있을 확률이 높다. 일반적으로 양수기함을 열면 수도 계량기를 확인할 수 있고, 수도 밸브가 있다. 지역난방을 사용하는 경우 온수 밸브도 있다.

9 | 렉스판

얇은 PVC 소재로 되어 있는 천장 마감재. 주로 욕실에서 많이 사용된다. 마룻바닥처럼 서로의 홈에 맞물리며 결합하는 것이 특징이다. 가격이 저렴하고 시공이 쉬워서 셀프 인테리어로 욕실 천장에 도전한다면 렉스판을 추천한다.

10 | SMC 천장재

욕실에서 사용하는 또 다른 천장재다. 열경화성수지 제품으로 고온고압 프레스를 사용해 만들어 내구성이 우수하고 열전도가 낮아 단열효과가 뛰어난 것이 특징이다. 흡음성이 높아 방음효과도 누릴 수 있다. 마룻바닥처럼 결합하는 렉스판과 달리 SMC 천장재는 시공할 욕실 공간에 맞춰 제작하여 그대로 들어 올려 끼운다는 차별점이 있다. 셀프로 시공할 수도 있지만, 소매 가격과 대형화물 배송비를 합치면 천장 시공업자에게 작업을 맡길 때와 큰 차이가 없다. 그러니 SMC 천장재로 시공한다면 관련 업자에게 맡기는 것을 추천한다.

11 | 정심과 편심

양변기를 배수관과 연결할 때 사용하는 도구들이다. 정심은 구멍이 가운데에 있는 것이고, 편심은 이름처럼 구멍이 한쪽으로 편향되어 있는 것이 특징이다. 배수관 중심에서 욕실 뒷벽의 거리가 양변기 넓이와 차이가 없으면 정심을 사용하고, 배수관과 욕실 뒷벽의 거리가 양변기의 넓이보다 조금 짧을 때는 편심을 사용한다.

CHAPTER
2

BASIC
INTERIOR
기본 인테리어

욕실 인테리어는 어려우니 전문가에게만 맡겨야 한다고
생각했다면 여기를 주목하자. 차근차근 따라 하면
누구나 쉽게 나만의 욕실을 만들 수 있도록 아야빠의
욕실 인테리어 노하우를 탈탈 털었다.

✓ **CHECK 1**

욕실 철거하기

준비물   멍키스패너, 바이스 플라이어, 커터 칼, 노미 드라이버, 망치, 신문지, 전동 드릴, 드라이버, 메꾸라, 테프론 테이프, 유리칼

주의사항   · 날카로운 도구를 사용할 때는 다치지 않도록 주의한다.

· 욕실 수도 밸브를 제대로 닫았는지 확인한다.

· 거울을 떼어 낼 때는 안전 고글과 장갑을 착용하고 다치지 않도록 조심한다.

Step 1 세면대 철거하기

양수기함을 열어 냉수와 온수 밸브를 잠근 후 욕실 수도가 나오지 않는지 체크한다.

수전으로 가는 고압호스를 앵글밸브에서 분리한다.

 Tip! 아파트의 경우 현관문 밖 복도 벽에, 주택이나 상가는 외부 벽이나 바닥에 양수기함이 있을 수 있으니 미리 위치를 확인하는 것이 좋다.

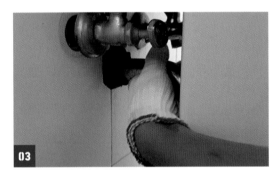

벽에 고정되어 있던 배수관도 탈거한다.

세면대와 벽 사이에 있는 실리콘을 커터 칼로 긁어낸다.

세면대 다리를 빼낸 뒤 본체를 번쩍 들어 올려 욕실 벽에서 떼어 낸다.

전동 드릴을 사용해 벽에 달린 브래킷을 떼어 낸다.

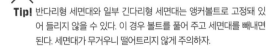 Tip! 반다리형 세면대와 일부 긴다리형 세면대는 앵커볼트로 고정돼 있어 들리지 않을 수 있다. 이 경우 볼트를 풀어 주고 세면대를 빼내면 된다. 세면대가 무거우니 떨어뜨리지 않게 주의하자.

168

멍키스패너나 바이스 플라이어를 이용해 앵글밸브를 잡고 돌린 다음 벽에서 떼어 낸다.

Step 2 샤워기 철거하기

샤워기 호스를 먼저 분리한 뒤 샤워기 수전 바로 뒤에 있는 배관이 합쳐지는 부분을 멍키스패너로 풀어 준다.

벽에 남아 있는 나머지 배관을 하나씩 풀어 떼어 낸다.

샤워기 슬라이드바 하단의 덮개를 일자 드라이버를 사용해 떼어 낸 다음 그 안에 숨어 있던 나사를 풀어 준다. 상단의 나사도 같은 방법으로 제거한다.

Step 3 변기 철거하기

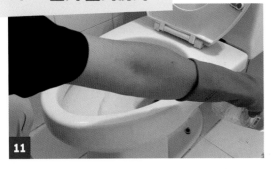

11

먼저 물을 한 번 내리고 변기에 남은 물을 다 퍼낸다.

12

저수조 아래쪽에 좌변기와 연결된 너트를 풀어 준다.

13

변기와 연결된 고압호스도 풀어 준다.

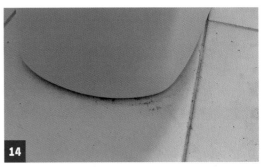

14

욕실 바닥과 좌변기 사이에 있던 백시멘트를 노미 드라이버와 망치를 이용해 모두 걷어 낸다.

15

저수조의 뚜껑을 제거한 뒤 좌우로 살짝 흔들면서 본체를 들어 올린다.

16

좌변기를 잡고 옆으로 기울이듯 들어 올려 바닥에서 떼어 낸다.

드러난 하수구를 신문지로 막아 놓은 뒤 벽에 남은 앵글밸브를 풀어 준다.

Step 4 욕실 액세서리 제거하기

수건걸이나 휴지걸이와 같이 벽에 붙어 있는 액세서리들도 전동 드릴이나 드라이버를 사용하여 모두 제거한다.

수건장 테두리에 있는 실리콘을 커터 칼로 제거한 다음 살짝 들어 올려 떼어 낸다.

PVC 메꾸라에 테프론 테이프를 14~15회 정도 감고 급수관을 막아 둔다.

Step 5 욕실 천장 분해하기

일자 드라이버를 이용해 욕실 천장에 있는 몰딩 틈을 들어 올려 걷어 낸다.

환풍기 커버의 나사를 풀어 탈거한 뒤 환풍구 커버와 연결 되어 있는 전선을 적당히 잘라 분리해 준다.

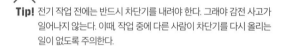

Tip! 전기 작업 전에는 반드시 차단기를 내려야 한다. 그래야 감전 사고가 일어나지 않는다. 이때, 작업 중에 다른 사람이 차단기를 다시 올리는 일이 없도록 주의한다.

렉스판으로 이루어진 천장은 환풍기를 제거한 틈 사이에 살짝 힘을 주어 끌어당긴 뒤 뜯어낸다.

Step 6 마무리 작업하기

욕실 벽에 걸린 거울은 유리칼로 그어 여러 조각으로 나눈다.

거울 하단에 있는 틈 사이로 유리칼을 밀어 넣은 뒤 손바닥을 거울에 대고 순간적으로 힘을 주어 밀면 거울이 깨지며 분리된다. 나머지 부분도 같은 방식으로 제거한다.

욕실 벽에 남아 있는 콘센트와 조명기도 떼어 내면 끝!

✓ CHECK 2

욕실 벽타일 덧방하기

준비물
타일(300x600㎜), 드라이픽스, 대야, 물, 수평기, 줄자, 십자 스페이스, 십자 스페이스(1.5㎜), 일자 스페이스, 톱니 고대(8㎜), 렝가고대, 고무망치, 코너비드, 줄눈용 시멘트, 고무장갑, 실리콘 헤라, 스펀지, 타일 커터, 지그소, 일자 드라이버

주의사항
· 날카로운 도구를 사용할 때는 다치지 않도록 주의한다.
· 드라이픽스는 혼합 후 1시간 이내 사용한다.
· 드라이픽스를 벽면에 바른 후 20분 이내에 타일을 부착한다.
· 집에 있는 도구를 활용하기 위해 지그소로 작업했지만, 사실 타일 절단 시 지그소보다 4인치 다이아몬드 터보날을 끼운 그라인더를 사용하는 것이 훨씬 작업성이 좋다.

Step 1 작업 준비하기

01

타일을 붙이기 전 기존의 벽타일에 묻은 곰팡이와 찌든 때를 닦아 정리한다.

02

욕실 조명의 전선을 조금 더 아래로 설치하기 위해 타일용 홀쏘와 일자 드라이버로 타일을 뚫어 전선이 지나갈 길을 만들어 준다.

Tip! 조명의 위치를 바꿀 필요가 없다면 이 과정은 생략한다. 그라인더가 해당 작업에 더 적합한 공구다.

03

대야에 타일 본드를 담고 조금씩 물을 부어 가며 섞어 준다.

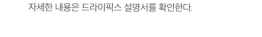
Tip! 30x60㎜ 타일 기준 드라이픽스 20kg당 약 6ℓ의 물이 필요하다. 자세한 내용은 드라이픽스 설명서를 확인한다.

04

줄자로 타일을 붙일 높이를 먼저 체크한 뒤 수평기를 이용해 수평을 맞춰 선을 그어 준다.

Tip! 수직선은 최대한 정교하게 긋도록 한다. 저렴한 레이저 레벨기를 준비하는 것도 좋다.

Tip! 일반적으로 기준선을 중간으로 잡지만, 타일이 크거나 타일 본드를 드라이픽스 1로 선택했을 경우 흘러내릴 수 있어 바닥부터 타일을 쌓아 올리듯 붙여 줘야 한다. 바닥과 천장까지의 높이가 2200㎜ 정도고 타일 크기가 300x600㎜라고 한다면, 바닥에서 395㎜ 떨어진 위치에 기준선을 그으면 된다. 2200㎜ 벽에는 세로 600㎜ 원장 타일 3장(1800㎜)과 1.5㎜ 간격 줄눈 3개(4.5㎜), 그리고 맨 아랫부분에 자른 타일 1장(약 395㎜)이 들어가기 때문이다.

Step 2 타일 부착하기

04의 선을 기준으로 타일에 절단 지점을 표시한 뒤 타일 커터로 잘라 준비한다.

톱니 고대로 03을 기존 타일 벽 위에 발라 준다.

Tip! 본드를 바를 때는 가로세로로 여러 번 문질러 벽에 잘 접착되도록 하는 것이 포인트! 너무 두껍게 바르면 타일 사이로 삐져나올 수 있으니 주의한다.

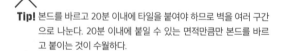

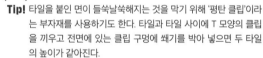

새로 준비한 타일을 벽에 비벼 누르며 붙여 준다. 미리 재단한 타일은 자른 부분이 바닥 또는 가장자리로 가도록 붙인다.

Tip! 본드를 바르고 20분 이내에 타일을 붙여야 하므로 벽을 여러 구간으로 나눈다. 20분 이내에 붙일 수 있는 면적만큼만 본드를 바르고 붙이는 것이 수월하다.

Tip! 맨 아래 타일을 붙일 때 수직선에 맞추기 위해 타일을 들어 올려야 한다면 작은 플라스틱 쐐기('쿠사비'라고도 부른다)를 사용하면 된다.

간격을 맞추기 위해 타일을 붙일 때 사이사이에 1.5㎜ 이하의 십자 스페이스를 끼워 넣는다.

Tip! 타일을 붙인 면이 들쑥날쑥해지는 것을 막기 위해 '평탄 클립'이라는 부자재를 사용하기도 한다. 타일과 타일 사이에 T 모양의 클립을 끼우고 전면에 있는 클립 구멍에 쐐기를 박아 넣으면 두 타일의 높이가 같아진다.

Step 3 배관 자리에 맞춰 타일 붙이기

배관에 맞춰 타일에 구멍을 뚫을 때는 배관의 중심을 타일의 세로와 가로에 체크한 뒤 교차점을 타일용 홀쏘로 뚫어 준다.

Tip! 배관의 직경이 홀쏘보다 넓다면 홀쏘를 3~4번 겹쳐 뚫은 다음에 펜치로 떼어 내 공간을 만들어 주면 된다.

Tip! 다이아몬드 터보날을 끼운 그라인더로 작업하면 더 깔끔한 절단이 가능하다.

09를 배관이 있는 자리에 붙여 준다.

상하좌우로 애매하게 남는 공간에 붙일 타일은 타일 커터로 잘라 붙인다.

타일 사이로 삐져나온 본드는 마르기 전에 물티슈 등으로 닦아 준다.

Step 4 욕실 문틀에 맞춰 타일 붙이기

욕실 문틀 둘레 사이즈를 체크한 다음 코너비드를 재단해 타일 본드를 묻힌 뒤 붙여 준다.

Tip! 코너비드를 감싸고 있는 보호필름은 미리 제거하고 사용한다.

13의 옆 벽면에 타일 본드를 바르고 **07**과 같은 방식으로 타일을 붙여 준다. 하루 정도 시간이 지난 뒤 타일 사이에 끼워 둔 스페이스를 빼낸다.

Step 5 줄눈 작업하기

대야에 줄눈용 시멘트를 담고 조금씩 물을 부어 가며 섞어 준다.

고무장갑을 낀 손으로 **15**를 적당히 덜어 벽에 바른 뒤 타일 틈 사이로 밀어 넣는다.

Tip! 줄눈용 시멘트가 치약과 같은 묽기 정도가 되면 적당하다.

줄눈 넣기가 끝나면 물에 적신 뒤 짜낸 스펀지로 타일에 묻은 시멘트를 깨끗하게 닦아 낸다.

✓ CHECK 3
욕실 바닥 타일 덧방하기

준비물   일자 드라이버, 배수구 트랩, 그라인더, 다이아몬드 터보날,
드라이픽스, 대야, 물, 타일 압착 고대, 커터 칼, 줄눈용 시멘트,
고무장갑, 실리콘 헤라

주의사항   · 날카로운 도구를 사용할 때는 다치지 않도록 주의한다.
· 드라이픽스는 혼합 후 1시간 이내 사용한다.
· 드라이픽스를 바닥에 도포한 후 20분 이내에 타일을 부착한다.
· 욕실 바닥은 배수구를 향해 완만한 경사가 이루어지게 하는 것이
핵심이다. '바닥 구배를 잡는다'라고 표현하기도 한다. 덧방 시공은
기존 타일 바닥의 '구배'를 이용해 붙이면 되지만, 각도에 신경 쓰지
않으면 자칫 물이 고이는 곳이 발생하기 쉬우니 주의하자.

Step 1 배수구 트랩(육가) 제거하기

01

타일 덧방 작업을 하기 전 바닥을 깨끗하게 정리한다.

02

'육가' 또는 '유가'라고도 부르는 배수구 트랩 가장자리에 있는 시멘트를 일자 드라이버로 두들겨 깬 다음 트랩을 빼낸다.

03

배수구 파이프 직경을 줄자로 체크한 뒤 그에 맞는 새로운 배수구 트랩을 구매한다.

Step 2 타일 재단하기

04

맨바닥에 타일을 간격에 맞춰 깔아 두고 세면대 배수구와 변기 자리, 그리고 새로 구매한 배수구 트랩 사이즈를 미리 체크해 타일에 표시한다.

05

그라인더를 이용해 **04**를 재단한다.

Tip! 이때, 다이아몬드 커팅날을 그라인더에 장착한다. 타일을 자를 때 먼지가 많이 발생하므로 가급적 야외에서 하는 것이 좋으며 귀마개와 안전 고글을 착용하도록 한다. 실내에서 작업할 경우 바닥에 비닐과 같은 것을 깔아 보양 작업을 하고 집진기를 사용하는 것을 추천한다.

Tip! 그라인더 작업 시에는 손가락이 말려들어 갈 위험이 있으니 장갑을 벗도록 한다.

Step 3 타일 부착하기

06

대야에 드라이픽스를 담고 조금씩 물을 부어 가며 섞어 준다.

Tip! 드라이픽스 20kg당 약 6ℓ의 물이 필요하다. 자세한 내용은 드라이픽스 설명서를 확인한다.

07

욕실 바닥에 **06**을 적당히 덜어 놓은 뒤 타일 압착 고대를 사용해 고르게 발라 준다.

07에 새로 준비한 타일을 얹는다.

⌃ **Tip!** 타일을 얹을 때 너무 세게 누를 필요 없다. 타일 높이를 일정하게 맞추는 데 집중하자.

⌃ **Tip!** 본드를 바르고 20분 이내에 타일을 붙여야 한다. 만약 시간이 경과된 후 타일을 붙이게 되면 제대로 고정되지 않을 수 있다. 바닥을 몇 구간으로 나누고 20분 이내에 붙일 수 있는 면적만큼만 본드를 바른 다음 타일을 붙이는 것을 추천한다.

08에 이어서 나머지 타일도 같은 방식으로 붙여 나간다.

⌃ **Tip!** 벽 타일을 붙일 때와 달리 바닥은 스페이스를 사용하지 않고 임의로 줄눈 간격을 고려하여 붙였는데, 되도록 스페이스를 사용하여 붙이는 것을 추천한다.

⌃ **Tip!** 타일 본드를 섞은 지 1시간이 지나면 남은 것들을 모두 긁어내 버리고 새롭게 타일 본드를 만들어 사용한다.

⌃ **Tip!** 타일을 붙이다가 밟지 않도록 맨 마지막 작업이 화장실 입구에서 끝날 수 있도록 진행한다.

다음 날 본드가 굳었을 때 삐져나온 부분을 커터 칼로 긁어내 정리해 준다.

Step 4 배수구 트랩 설치하기

11

배수구 안쪽에 타일 본드를 바르고 배수구 트랩을 넣어 설치한 후 트랩 주변 가장자리에도 타일 본드를 넣어 메워 준다.

Tip! 배수구에 트랩을 넣었을 때 타일 높이보다 배수구 트랩 높이가 낮은지 확인한다.

Step 5 줄눈 넣기

12

대야에 줄눈용 시멘트를 담고 조금씩 물을 부어 가며 섞어 준다.

Tip! 줄눈용 시멘트가 치약과 같은 묽기가 되면 완성이다.

13

고무장갑을 낀 손으로 **12**를 적당히 덜어 바닥에 바른 뒤 타일 틈 사이로 밀어 넣는다.

14

줄눈 넣기가 끝나면 물에 적신 스펀지로 타일에 묻은 시멘트를 깨끗하게 닦아 낸다.

✓ CHECK 4
욕실 천장 작업하기

준비물   렉스판 천장재(2400㎜) 9매, PVC 몰딩(35x2400x15T) 4개,
줄자, 지그소, 전동드릴, 컵써클 커터, 방습 LED 다운라이트,
전선, 절연 테이프, 플라이어, 환풍기, 실리콘건, 글루건

주의사항   · 날카로운 도구를 사용할 때는 다치지 않도록 주의한다.
· 실리콘건이나 글루건을 사용할 때는 손에 묻지 않도록
  주의하고 되도록 작업용 장갑을 착용한다.
· 전기 작업을 할 때는 안전을 위해 절연 장갑을 착용한다.

Step 1 천장재 재단하기

욕실 천장 넓이를 줄자로 꼼꼼히 체크한다.

01의 치수보다 5mm 정도 작게 렉스판 천장재에 표시한 뒤 지그소로 재단한다.

렉스판을 설치하기 전 기존에 있던 조명 전선 중 하나를 따서 천장으로 따로 배선 작업을 해 준다.

Tip! 배선 작업은 60p를 참고한다. 전기 작업 전에는 반드시 차단기를 내려야 한다. 그래야 감전 사고가 일어나지 않는다. 이때, 작업 중에 다른 사람이 차단기를 다시 올리는 일이 없도록 주의한다.

Step 2 천장재 설치하기

욕실 천장 맨 끝에 렉스판 천장재를 들어 올리고 천장 각목 구조물에 전동 드릴로 박아 고정한다.

04에 다음 렉스판 천장재를 옆에 대고 마루 끼우듯이 서로 연결해 고정한 다음 전동 드릴을 이용해 천장 각목 구조물에 박아 준다. 나머지 렉스판 천장재도 같은 방식으로 이어 준다.

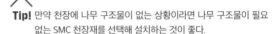

Tip! 만약 천장에 나무 구조물이 없는 상황이라면 나무 구조물이 필요 없는 SMC 천장재를 선택해 설치하는 것이 좋다.

중간에 나무 구조물이 걸리지 않는 곳을 찾아서 나중에 조명을 설치할 위치를 미리 표시해 준다.

Step 3 욕실 조명 연결하기

마지막 렉스판을 붙이기 전에 조명 설치를 위해 **06**에서 표시한 곳을 컵써클 커터로 뚫어 준다.

미리 배선했던 전선들을 조명 구멍으로 내보낸 뒤 욕실 조명을 연결해 준다.

Tip! 조명 연결하는 방법은 60p를 참고한다.

차단기를 올려 조명이 들어오는지 확인한 다음 마지막 천장재를 빈 공간 너비에 맞게 잘라 설치한다.

Step 4 욕실 환풍기 설치하기

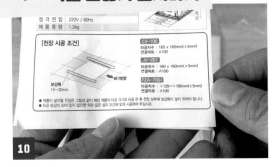

10

미리 구매해 둔 환풍기 매뉴얼에 나온 타공 사이즈를 확인하고 배기관이 있는 천장 쪽에 표시한다.

11

천장에 표시한 곳 네 모서리에 전동 드릴로 구멍을 뚫고 각 지점을 커터 칼로 그어 뚫어 준다.

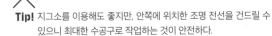

Tip! 지그소를 이용해도 좋지만, 안쪽에 위치한 조명 전선을 건드릴 수 있으니 최대한 수공구로 작업하는 것이 안전하다.

12

구멍 안쪽에서 배기관을 찾아 끄집어낸 뒤 환풍기를 끼우고 잘 고정한다.

13

전원을 연결한 다음 배기관을 구멍 안쪽으로 밀어 넣는다.

14

13의 구멍 바깥쪽에 실리콘을 쏘고 환풍기를 접착시킨 뒤 전동 드릴을 활용해 나사를 박아 고정한다.

Step 5 마무리하기

천장 모서리에 겹치는 부분을 몰딩에 표시한 뒤 그라인더를 이용해 45도 형태로 잘라 준다.

재단한 몰딩에 실리콘과 핫 글루를 바르고 천장재와 벽타일이 만나는 가장자리 부분에 붙여 준다.

✓ CHECK 5
욕실 도기 및 액세서리 설치하기

준비물   세탁기 수도꼭지, 앵글밸브, 서비스 소켓, 해바라기 샤워기,
테프론 테이프, 양변기, 편심, 줄눈용 시멘트, 스펀지, 변기 커버,
세면대, 수전, 자동 팝업, 앵커, 칼블럭, 드릴 척 어댑터

주의사항   · 작업 도중에 물이 흐르지 않도록 주의한다.
· 테프론 테이프를 사용할 때는 최소 14~15바퀴 정도 감아 쓴다.
· 드릴 척 어댑터를 쓰면 사용 가능 비트 직경이 13㎜까지
  확장된다. 세면대용 앵커 구멍을 뚫을 때 유용하다.

Step 1 세탁기용 수도꼭지 설치하기

양수기함을 열어 냉수와 온수 밸브를 잠근 후 욕실 수도가 나오지 않는지 체크한다.

Tip! 아파트의 경우 현관문 밖 복도 벽에, 주택이나 상가는 외부 벽이나 바닥에 양수기함이 있을 수 있으니 미리 위치를 확인하는 것이 좋다.

수도관에 서비스 소켓을 달아 준 뒤 세탁기용 수도꼭지를 설치한다.

Tip! 타일 덧방을 하면서 수도관이 살짝 안으로 들어간 상태가 되었기 때문에 서비스 소켓을 사용했다.

Step 2 해바라기 샤워기 설치하기

세면대와 샤워기, 그리고 변기 자리에 있는 수도관에도 서비스 소켓을 설치하고 앵글밸브를 달아 준다.

서비스 소켓을 설치한 샤워기 수도관에 해바라기 샤워기 부속 중 하나인 펜심 밸브를 설치한다.

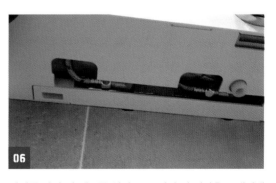

해바라기 샤워기 브래킷을 벽에 설치한 뒤 온수관과 냉수관을 밸브에 연결한다.

커버를 닫기 전 밸브를 열어 주고 커버 겸 선반을 브래킷에 끼워 준다.

샤워기 파이프를 선반에 고정하고 토수구(샤워기 헤드) 위치를 고려해 기역자관 위치를 잡고 전동 드릴로 나사를 박아 고정한다.

해바라기 샤워기 매뉴얼에 따라 나머지 부품들을 차근차근 조립해 설치한다.

Tip! 욕실 전용 액세서리들을 벽에 달기 위해서는 6.5㎜ 정도의 드릴 비트를 사용한다.

Step 3 양변기 설치하기

미리 구매한 편심을 동봉된 볼트와 너트로 양변기에 고정한다.

양변기 매뉴얼을 참고하여 부품을 차근차근 조립한다. 저수조와 좌변기를 연결하고 급수관도 달아 준다.

Tip! 변기 배관 중심에서 뒷벽까지의 거리가 양변기의 넓이보다 좁을 경우 편심을, 차이가 없을 경우 정심을 구매해 연결한다.

변기 배관과 양변기에 연결한 편심을 잘 맞춰 끼운 뒤 얇은 플라스틱 판이나 타일 조각을 변기 아래에 괴어서 수평을 잡아 준다.

욕실 벽에 미리 설치해 둔 앵글밸브에 양변기 급수 배관을 연결하고 밸브를 열어 저수조 탱크에 물을 채운다.

13

줄눈용 시멘트에 물을 넣어 섞은 뒤 변기 아래 공간을 채워 준다.

14

물에 적신 스펀지로 변기 주변에 묻은 시멘트를 깨끗하게 닦아 준다.

15

양변기 사이즈에 맞춰 변기 커버를 별도로 구매한 뒤 설치한다.

Step 4 세면대 설치할 곳 자리 잡기

새롭게 구매한 세면대 뒷면에 있는 앵커홀 간격을 확인한다.

세면대를 설치할 벽의 높이를 정한 뒤 앵커홀 간격에 맞춰 구멍 뚫을 곳을 표시한다.

두께 12㎜의 드릴 날을 이용해 **17**에 표시한 곳을 뚫어 준다.

Tip! 전동 드릴로 구멍을 뚫을 때 해머 모드가 아닌 일반 드릴 모드를 사용해야 타일이 깨지지 않는다.

Step 5 세면대 설치하기

18의 구멍에 앵커를 꽂은 뒤 멍키스패너로 돌려 고정한다.

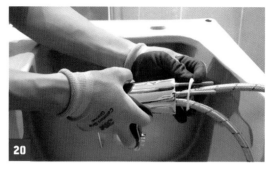

새롭게 구매한 수전의 조임 너트를 풀고 원형 패킹도 빼낸 다음 수전용 구멍에 넣고 원형 패킹과 조임 너트를 순서대로 다시 조립한다.

 Tip! 조임 너트를 꽉 조일 때 수전이 돌아가서 삐뚤게 고정되기 쉬우니 수전이 돌아가지 않도록 주의한다.

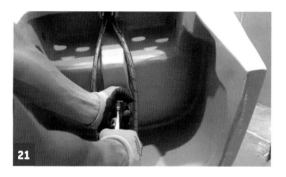

함께 구매한 자동 팝업을 세면대에 넣고 설치한다.

욕실 벽면에 고정된 앵커 두 개와 세면대 뒷면에 있는 구멍 두 개를 잘 맞춰 끼워 넣는다.

세면대 안쪽으로 앵커용 너트를 끼워 끝까지 조여 세면대를 고정한다.

Step 6 배관 연결하기

온수와 냉수 호스를 앵글밸브에 연결한 뒤 멍키스패너로 단단히 조인다. 이때, 온수와 냉수 자리를 잘 구분하여 설치한다.

미리 구매한 T자형 트랩의 한쪽을 팝업관에 연결한 후 트랩의 자바라 끝부분을 벽에 밀어 넣어 고정한다.

Step 7 마무리하기

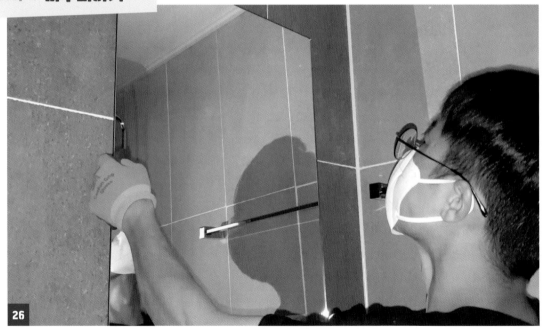

거울이나 수건걸이 등의 액세서리도 벽에 설치한다.

✓ CHECK 6
오래된 욕조 리폼하기

준비물   터비 욕조 DIY 코팅제 세트, 커터 칼, 실리콘건, 샌딩 페이퍼, 마스킹 테이프

주의사항
· 날카로운 도구를 사용할 때는 다치지 않도록 주의한다.
· 터비 욕조 DIY 코팅제 세트에 포함된 도구들을 확인하고 매뉴얼도 꼼꼼하게 살펴본다.
· 청소 및 샌딩을 꼼꼼하게 진행해야 결과가 잘 나온다.
· 코팅제 시공 시 냄새가 심하므로 반드시 방독 마스크를 사용한다.
· 작업 후에는 실내 공기를 충분히 환기시킨다.

Step 1 욕조 표면 다듬기

01

02

욕실 벽면과 욕조가 이어져 있는 부분에 남아 있는 실리콘을 커터 칼로 모두 긁어내 제거한다.

샌딩 페이퍼를 이용하여 욕조 표면을 매끄럽게 다듬는다.

Step 2 작업 전 보양하기

03

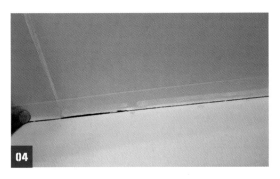

04

세제를 이용해 욕조 전체를 닦아 낸 후 물로 씻어 내고 마른걸레로 물기를 완전히 없앤다.

코팅제를 바르기 전 마스킹 테이프로 욕조 주변 가장자리를 보양한다.

Tip! 욕조에 완전히 밀착시키지 말고 2㎜ 정도 여유를 주고 띈 상태에서 붙여 준다.

Step 3 욕조 코팅하기

05

06

터비 욕조 DIY 코팅제 세트에 동봉된 주제에 함께 있던 경화제를 모두 부어 준다.

같이 포함된 플라스틱 막대로 주제와 경화제를 완전히 섞어 준다.

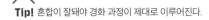

Tip! 혼합이 잘돼야 경화 과정이 제대로 이루어진다.

터비 욕조 DIY 코팅제 세트에 있던 트레이에 비닐을 씌우고 **06**을 ⅓ 부어 준다.

작은 붓을 이용해 페인트 롤러가 닿지 않는 구석진 부분에 코팅제를 발라 준다.

Tip! 코팅제를 바르는 동안 통에 남아 있는 코팅제가 굳을 수 있으니 반드시 뚜껑을 닫아 준다.

페인트 롤러로 코팅제를 전체적으로 얇게 발라 준다.

1차 작업이 끝나고 약 2시간이 흐르면 남은 코팅제를 트레이에 모두 부은 뒤 **09**에 덧발라 준다.

Tip! 1차 작업 때보다 조금 두껍게 바르되 코팅제가 흐르는 자국이 나지 않도록 신경 쓰면서 바른다.

Step 4 마무리하기

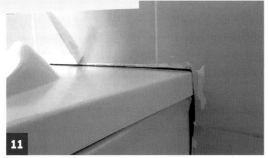

2차 작업이 끝난 뒤 마스킹 테이프를 모두 제거한다.

이틀 뒤에 욕조 주변에 실리콘을 쏴 준다.

CHECK 7
욕실 문 인테리어 필름 작업하기

준비물   전동 드릴, 커터 칼, 인테리어 필름, 헤라, 실리콘건

주의사항   · 날카로운 도구를 사용할 때는 다치지 않도록 주의한다.

           · 표면이 울퉁불퉁하거나 많은 모양이 있는 문은 필름 시공이
            어렵다. 페인트칠을 하거나 새 문으로 교체하는 것이 더
            나을 수 있다.

Step 1 작업 전 정리하기

욕실 문 아래에 지탱할 수 있는 받침대 하나를 놓은 뒤 문틀 쪽에 있는 경첩을 전동 드릴로 풀어내고 살짝 잡아당겨 문을 분리한다.

필름지를 문틀 끝까지 잘 붙이기 위해 문틀에 붙은 벽지를 커터 칼로 깔끔하게 제거한다.

욕실 벽과 문틀 사이에 붙은 실리콘과 방바닥과 문틀 사이에 있는 실리콘도 모두 없애 준다.

문틀을 물티슈로 한 번 깨끗하게 닦아 준다.

Tip! 문틀 표면이 고르지 않다면 사포로 한 번 다듬어 준 뒤 필름지 전용 프라이머를 발라 주는 것을 추천한다.

Step 2 문틀에 필름지 붙이기

문틀과 문 사이즈를 모두 측정한 뒤 필름지를 미리 재단해 둔다.

문틀 옆면부터 필름지를 천천히 붙여 준다.

Tip! 이때, 문틀 사이즈보다 5~10cm 정도 여유를 두고 재단해야 함을 잊지 말자.

Tip! 길이가 남는 부분은 가로로 잘라내고, 필름이 꺾이는 부분은 세로로 칼집을 낸 뒤 모서리를 손으로 밀어 주고 필요 없는 부분을 가로로 잘라 제거하면 말끔히 정리된다. 모서리 마감하는 법이 궁금하다면 78p를 참고할 것.

모서리를 붙일 때는 헤라로 필름지를 꾹꾹 눌러 각을 제대로 잡은 뒤 장갑을 낀 손으로 밀어서 문틀 모양대로 밀착시킨다.

같은 방식으로 문틀의 윗부분에 필름지를 붙여 준다.

마지막으로 문틀 아랫면에 필름지 작업을 한다.

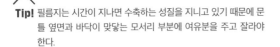

Tip! 필름지는 시간이 지나면 수축하는 성질을 지니고 있기 때문에 문틀 옆면과 바닥이 맞닿는 모서리 부분에 여유분을 주고 잘라야 한다.

문틀에 경첩이 들어가는 자리는 주변 부분만 감싸지도록 손으로 눌러 틀을 잡아 준 뒤 가운데 부분을 오려내 경첩 부분이 드러날 수 있도록 한다.

필름을 붙이다가 기포가 생긴 부분은 커터 칼끝으로 눌러 미세한 구멍을 낸 다음 헤라로 밀어 기포를 빼낸다.

Step 3 욕실 문에 필름지 붙이기

전동 드릴을 이용해 욕실 문에 달린 경첩을 모두 분리한다.

욕실 문손잡이의 나사를 풀고 잠금장치의 나사도 모두 풀어 분해한다.

05의 재단한 필름지를 문의 한 면에 붙여 준다.

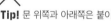

Tip! 문 위쪽과 아래쪽은 붙이지 않기 때문에 옆면만 감쌀 수 있도록 재단해 두는 것이 중요하다. 단, 나중에 수축할 것을 고려해 위쪽 과 아래쪽에 1~2㎜ 정도 여유분을 둔다.

욕실 문 뒤쪽에도 같은 방식으로 필름지를 붙인 뒤 손잡이 위 치에 커터 칼로 구멍을 뚫어 준다.

Step 4 마무리하기

문틀의 앞쪽과 뒤쪽에 필름지가 연결된 부분은 실리콘을 발라 마감한 후 욕실 문에 손잡이를 다시 달고 경첩을 달아 문틀에 설치한다.

✓ CHECK 8

욕실 문 교체하기

준비물   줄자, 욕실 문, 몰딩, 필름지, 커터 칼, 일자 드라이버, 프라이머, 사포,
평몰딩(60x2400㎜), 실타카, 이지경첩, 도어캐치, 타일용 웻지

주의사항   · 날카로운 도구를 사용할 때는 다치지 않도록 주의한다.
· 기존 문의 크기를 줄자로 정확히 잰 뒤 업체에 제작 요청한다.
   문손잡이 구멍은 주문 시 뚫어 주기 때문에 손잡이 중심까지의
   거리를 체크해서 업체에 전달한다.
· 문만 교체하고 싶다면 기존 문틀 색과 최대한 비슷한 색의
   제품으로 선택한다. 알맞은 색을 찾기 어렵다면 페인트칠이나
   인테리어 필름 시공을 고려한다.
· 프라이머 또는 페인트를 사용한 후에는 충분히 환기시킨다.

Step 1 작업 전 정리하기

필름지를 붙이기 전 문틀에 남아 있던 도어캐치와 캐치박스를 떼어 낸다.

일자 드라이버를 사용해 문틀 주변의 몰딩을 뜯어낸다.

문틀 면의 우둘투둘하게 튀어나온 부분을 커터 칼로 긁어내 다듬는다.

문틀에 프라이머를 바른 다음 완전히 마르면 사포를 이용해 표면을 가볍게 스치듯 문질러 다시 한 번 정리해 준다. 필요하다면 프라이머를 한 번 더 칠한다.

Step 2 문틀 작업하기

문틀 크기에 맞춰 미리 재단한 필름지를 **04**에 붙여 준다.

Tip! 필름지 붙이는 방법은 77p를 참고한다.

문틀 높이에 맞춰 평몰딩을 자른 뒤 필름지로 감싸 준다. 이때, 맨 위에 붙일 몰딩은 필름지를 붙이지 않는다.

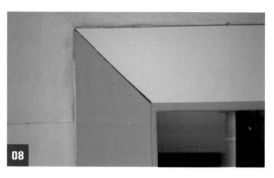

실타카를 이용해 **06**을 문틀에 붙여 준다.

문 위쪽에 필름지를 붙이지 않은 몰딩을 실타카로 고정한다.

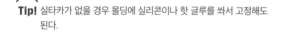

Tip! 실타카가 없을 경우 몰딩에 실리콘이나 핫 글루를 쏴서 고정해도
된다.

08에 여분의 필름지를 전체적으로 붙여 몰딩 틈 사이 벌어진 부분까지 모두 감싸 준다.

Step 3 새로운 문 연결하기

새로 주문한 문을 문틀에 맞춘 뒤 아랫부분에 타일용 웻지를 넣어 가면서 문을 경첩 홈 있는 부분에 고정한다.

맨 위에 있는 경첩 홈에 경첩을 끼우고 경첩 자리를 펜으로 표시해 준다.

경첩에 튀어나온 부분이 문 끝에 걸리도록 맞춰 두고 전동 드릴로 나사를 박아 준다.

경첩 반대편을 문틀에 맞추고 전동 드릴을 이용해 나사를 박아 완전히 고정한다.

Tip! 이때, 욕실 문은 발등으로 지탱해 살짝 들어 올려 준다.

높이가 괜찮은지 확인한 다음 나머지 경첩도 같은 방법으로 달아 준다.

Step 4 마무리하기

새로 구매한 도어캐치를 설치한다.

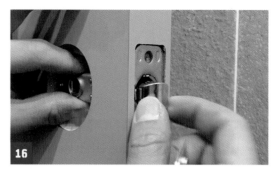

도어 래치 안팎을 구분하여 끼워 넣고 래치 머리를 문에 맞게 돌려 준 다음 래치 면판을 끼워서 전동 드릴로 나사를 박아 문에 고정한다.

욕실 문손잡이 바깥쪽 레버와 안쪽 레버를 맞물린 뒤 고정 나사를 끼우고 전동 드릴로 박아 준다.

마지막으로 도어캐치 안쪽에 필름지를 붙여 정리하면 끝!

비데 설치하기

준비물	비데, 멍키스패너
주의사항	· 비데 제품에 포함된 설명서를 꼼꼼하게 읽어 본다.
	· 작업 도중에 물이 흐르지 않도록 주의한다.
	· 모두 수도관 결합 부분의 고무 패킹은 새것으로 교체한다.

Step 1 기존 변기 커버 철거하기

좌변기 아래쪽에 변기 커버와 연결된 너트를 풀어 변기 커버를 탈거한다.

작업 중 물이 나오지 않도록 변기 급수관 앵글밸브를 잠근 뒤 멍키스패너를 사용해 위에 달려 있던 고압 호스를 풀어 준다.

Step 2 비데 호스 연결하기

비데에 포함되어 있던 T자 밸브를 앵글밸브 위에 설치한다.

T자 밸브 위쪽에는 **02**에서 풀어 두었던 고압 호스를 달아 준다.

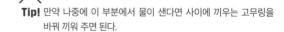

Tip! 만약 나중에 이 부분에서 물이 샌다면 사이에 끼우는 고무링을 바꿔 끼워 주면 된다.

04의 남은 부분에 정수 필터를 설치한다.

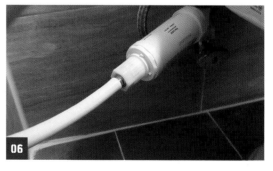

비데 제품에 동봉된 급수 호스를 정수 필터 출수구 쪽에 연결한다.

Step 3 비데 플레이트 자리 잡기

비데를 고정할 고정 플레이트를 좌변기에 올려 놓는다.

같이 포함되어 있던 고정 플레이트 가이드 두 개를 꺼내 구멍이 긴 것이 좌변기 볼트 구멍 쪽으로 오도록 플레이트 위에 얹어 둔다.

고정 볼트를 **08**에 끼워 넣는다. 이때, 상단에 길게 튀어나온 쪽이 바깥으로 가도록 한다.

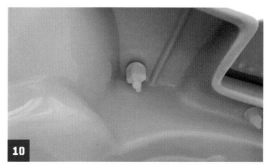

변기 아래쪽에서 고무 패킹과 와셔를 끼우고 너트로 잠근다.

Tip! 이때, 너트를 너무 꽉 조이지 말고 살짝만 잠그도록 한다.

Step 4 비데 고정하기

비데 본체를 좌변기 위에 올려 두고 살짝 밀어 플레이트에 끼워 준다.

Tip! 비데를 플레이트에 밀어 넣었을 때 "딸칵" 하는 소리가 나면 제대로 설치가 된 것이다.

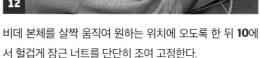

비데 본체를 살짝 움직여 원하는 위치에 오도록 한 뒤 **10**에서 헐겁게 잠근 너트를 단단히 조여 고정한다.

Step 5 마무리하기

13

비데 본체에 **06**의 급수 호스를 연결한 다음 뒤쪽에 있는 앵글밸브를 열어 물이 들어갈 수 있도록 한다.

Tip! 각 밸브와 호수의 연결 부위에서 물이 새지 않는지 꼼꼼하게 살펴본다.

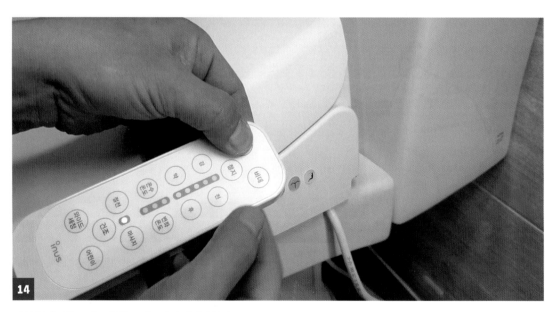

14

전원 플러그를 콘센트에 꽂고 리모컨과 페어링한다.

✓ CHECK 10
건식 욕실 리폼하기

준비물　　합판(8mm) 1개, 커버링 테이프, 페인트 트레이, 페인트 롤러, 프라이머, 필름지, 커터 칼, 드라이기, 전선, LED 간접 조명, 컨버터, 글루건, 칼블럭, 나무 조각

주의사항　　· 날카로운 도구를 사용할 때는 다치지 않도록 주의한다.
　　　　　　· 욕실이 건식일 때만 가능한 방법이니 습식인 경우 되도록 설치를 피한다.
　　　　　　· 이 과정에서는 페인트용 프라이머를 사용하였으나 인테리어 필름용 프라이머로 대체해도 무방하다.

Step 1 작업 전 정리하기

욕실 벽에 설치된 거울이나 선반 등을 탈거한다.

욕실 가장자리에 있는 실리콘을 커터 칼로 모두 긁어내고 표면을 걸레로 닦아 매끄럽게 정리한 뒤 욕실 벽 사이즈를 측정한다.

Tip! 욕실 액세서리를 철거하는 방법은 167p를 참고한다.

작업대 아래 바닥에 커버링 테이프를 넓게 깔아 둔다.

Step 2 합판에 프라이머 바르기

트레이에 비닐 커버를 깐 뒤 프라이머를 부어 준다.

작업대 위에 욕실 벽 사이즈에 맞게 재단한 합판을 올려 둔다.

Tip! 페인트 캔 스파우트를 입구에 부착하면 조금 더 깔끔하게 트레이에 프라이머를 부을 수 있다.

페인트 롤러에 프라이머를 묻혀 합판에 전체적으로 발라 준다.

1시간 건조 후 전체 사포질을 해 표면을 정리하고 그 위에 다시 한 번 프라이머를 바른다.

다시 1시간 정도 시간이 흐르면 마지막 표면 정리를 해 준다.

Step 3 필름지 붙이기

미리 재단한 필름지를 **08**에 천천히 붙여 준다.

필름지 모서리 부분을 커터 칼로 살짝 자른 뒤 합판 모서리를 깨끗하게 감싸 준다. 상하좌우로 튀어나온 필름지도 손바닥으로 꾹꾹 눌러 가며 안쪽으로 감싸 처리한다.

Tip! 필름지를 재단할 때 합판 사이즈보다 5~10㎝ 정도 여유를 둬야 함을 잊지 말자.

Tip! 필름지 모서리 감싸는 방법은 78p를 참고한다.

필름을 다 붙인 후에는 드라이기로 열을 가하며 다시 한 번 문질러 필름지가 문 표면에 밀착되도록 한다.

Step 4 합판 욕실에 설치하기

11을 뒤집어엎은 후 끌과 톱을 이용해 기다란 홈을 파고 끝 부분에 드릴로 구멍을 뚫는다.

미리 정해 둔 천장 자리에 전동 드릴을 이용해 구멍을 뚫은 뒤 전선을 넣는다.

합판에 뚫어 둔 구멍에 13과 이어진 전선 반대쪽을 밀어 넣고 합판을 욕실 천장과 젠다이 사이 벽에 밀어 넣는다.

Tip! 젠다이와 천장 사이의 힘만으로 고정이 가능해 따로 합판에 실리콘이나 핫 글루를 바르지 않았다. 만약 젠다이가 없는 벽면이라면 실리콘건과 글루건을 사용하는 것이 좋다.

Step 5 조명 설치하기

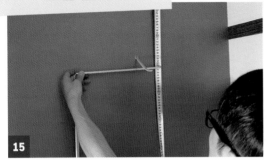

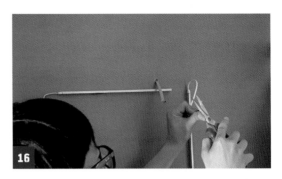

LED 간접 조명을 조립한 다음 글루건을 이용해 합판 위에 붙인다.

∧
Tip! 극성을 반대로 끼우면 고장 날 수도 있으니 신중히 조립하는 것 이 좋다.

미리 구멍 밖으로 빼낸 전선과 컨버터를 연결한 다음 간접 조명 전선의 피복을 벗긴다.

전선을 서로 연결하고 절연 테이프로 감싸 준다.

∧
Tip! 조명 교체와 설치 방법은 43p를 참고한다.

Step 6 욕실 액세서리 설치하기

조명 걸기 적당한 자리에 전동 드릴로 구멍을 뚫는다.

벽과 거울 간격을 띄우기 위해 작은 나무 조각 하나를 18 에 박아 준다.

나무 조각 위에 거울을 설치해 준다.

욕실 벽에 끼워 넣은 합판의 전체 모서리에 실리콘을 쏴 마감 한다.

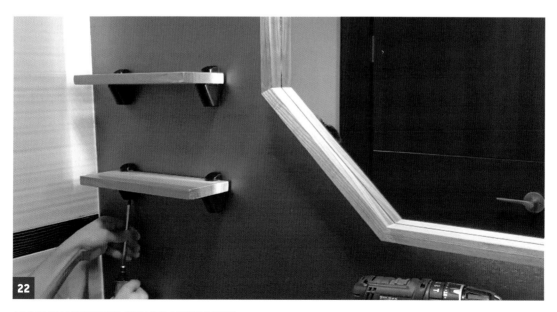

선반 등 욕실 액세서리를 합판 벽에 설치하면 완성!

욕실 3대 아이템 기본 종류

우리가 '욕실'이라는 말을 들으면 머릿속에 떠올리는 세 가지 아이템이 있다. 변기, 세면대, 그리고 욕조다. 욕실 인테리어를 할 때 절대 빼놓을 수 없는 제품들이지만, 막상 우리 집에 어울릴 것을 고르라고 하면 뭐가 뭔지 몰라 당황하는 경우가 부지기수! 인테리어 입문자들을 위해 욕실 3대 아이템의 기본 종류를 지금 공개한다.

ITEM 1
변기

· 원피스형 변기

이름 그대로 물탱크인 저수조와 양변기가 나누어져 있지 않고 하나의 덩어리로 이루어진 제품이다. 구매한 시점부터 다 조립되어 있어 별다른 어려움 없이 바로 시공할 수 있다는 장점이 있다. 또한, 물을 비교적 적게 사용하고 소음이 적다는 것도 인기 요인 중 하나다. 다만, 저수조 크기가 작아 물을 적게 사용하는 만큼 다른 제품에 비해 수압이 약하다는 단점도 지니고 있다.

· 투피스형 변기

원피스형 변기와 달리 저수조와 양변기가 나누어져 있어 설치 시 두 개를 결합해야 한다. 따로 떨어져 있는 만큼 설치할 때 저수조 내부까지 직접 조립해야 한다는 번거로움이 존재하지만, 물탱크 크기가 커서 수압이 세다. 물 소모가 많고 소리가 크게 난다는 단점도 지니고 있으나 가격이 비교적 저렴해 가장 흔히 만나 볼 수 있는 제품이기도 하다.

· 비데 일체형 변기

다른 변기와 달리 물탱크인 저수조가 아예 없는 제품으로 원피스형 변기의 업그레이드 버전이라고 할 수 있다. 물탱크에 물을 모아 놓지 않고 바로 직수로 배수하는 것이 특징. 저수조가 없는 만큼 앞뒤 길이가 짧아 좁은 욕실에 설치하기 좋다. 이름에서 알 수 있듯이 비데가 기본적으로 붙어 있기 때문에 다른 제품에 비해 가격대가 높은 편이다.

· 반피스형 변기

원피스형 변기와 투피스형 변기를 합쳐 장점을 극대화한 제품. 원피스형 변기처럼 저수조와 좌변기가 일체형으로 되어 있지만, 저수조가 다른 제품보다 조금 낮게 구성된 것이 특징이다. 소음이 적고 수압이 세서 최근 주목받고 있는 제품이기도 하다. 다만, 원피스형과 투피스형을 섞은 만큼 부품 역시 두 가지 종류를 반씩 사용해야 한다는 단점도 존재한다. 최근에는 아예 반피스형 변기용 부속품이 별도로 판매되기도 한다.

ITEM 2
세면대

· 긴다리형 세면대

세면대 하부에 다리 역할을 하는 긴 도기가 붙어 있는 것을 뜻한다. '페데스탈형'이라고 부르기도 한다. 구축 아파트나 오래된 주택은 세면대 배수구가 벽이 아닌 바닥으로 연결되어 있는 경우가 많은데, 이때 도기가 세면대 배수 라인을 전체적으로 가려 준다. 튼튼하다는 장점도 있다. 고급스러운 느낌은 다소 부족하지만, 가격이 저렴해 흔히 볼 수 있는 제품이기도 하다.

· 반다리형 세면대

'하프 페데스탈형'이라고도 하는 반다리형은 배수구가 바닥이 아닌 벽으로 이어질 때 많이 사용하는 제품이다. 긴다리형과 달리 도기가 바닥으로 이어지지 않고 벽으로 바로 연결된다. 덕분에 바닥 청소가 쉽고 욕실이 전체적으로 모던하고 깔끔한 분위기를 자아낸다. 일반적인 긴다리형 세면대보다 가격대가 조금 더 높다.

· 일체형 세면대

벽에 브래킷을 달아 통째로 세면대를 고정하는 형태로 최근 가장 많이 사용하는 형태이기도 하다. 반다리형처럼 세면대가 벽에 고정되어 있기 때문에 바닥 청소를 쉽게 할 수 있고, 세면대 자체도 굴곡이 크게 있지 않아 청소가 쉬워 깔끔하게 유지할 수 있어 좋다. 단, 배수에 문제가 있을 경우 통째로 들어서 빼내야 한다는 단점이 있다.

· 탑볼형 세면대

'탑 카운터형'이라고도 하는 탑볼형은 카운터 위에 세면대 도기가 얹힌 것을 말한다. 카운터 공간이 따로 있기 때문에 욕실 관련 용품을 수납하기 좋다. 세면 도기 외에 카운터를 따로 설치하고 수전도 별도로 구매해야 해서 가격대가 비교적 높은 편이지만, 고급스러운 분위기를 만들 수 있어 선호하는 이들이 점점 늘어나고 있다.

· 언더볼형 세면대

카운터를 사용한다는 점에서 탑볼형과 똑같아 보이지만, 세면 도기 자체가 카운터 안쪽으로 들어가 있는 형태일 때 '언더볼형'이라고 말한다. 주로 호텔이나 카페에서 많이 볼 수 있는데, 세면대 물기를 제거하기 쉬워 관리가 편하고 디자인이 깔끔하다는 장점이 있다. 다만, 카운터 상판과 세면대 도기가 붙어 있어 고장이 나면 수리하기가 쉽지 않다는 단점도 존재한다.

ITEM 3
욕조

· 아크릴 욕조

불투명한 아크릴에 유리 섬유를 여러 겹 덧붙여 만든 욕조. 얼마 전까지도 가장 많이 사용했던 제품 중 하나다. 표면 광택이 강하지 않고 내구성이 뛰어나며 가격이 비교적 저렴한 편! 하지만 코팅제가 벗겨지면 안에 숨어 있던 유리 섬유가 드러나는 경우가 많고, 온수를 장시간 사용했을 시 형태와 색이 변형될 가능성이 높아 최근에는 사용 빈도가 점점 줄고 있다.

· SMC 욕조

가성비가 제일 좋은 욕조를 꼽으라면 단연 SMC 욕조라고 말할 수 있다. SMC는 '시트 몰딩 컴파운드'의 약자로 열강화성 수지 재질로 만든 플라스틱 계열의 욕조를 뜻한다. 시트를 여러 장 만든 뒤 고온 상태에서 프레스로 찍어 만들기 때문에 아크릴 욕조보다 조금 더 예쁜 디자인의 욕조를 만들 수 있다. 변형이나 변색이 적으며 따뜻한 물을 오래 유지하는 데다가 화학물에 강하다는 것도 매력적인 부분이다. 게다가 가격도 저렴해서 최근 가장 많이 사용하는 제품이기도 한다. 다만, 플라스틱 성질로 가볍다 보니 욕실 벽과 욕조 사이의 실리콘에 균열이 가거나 쉽게 찢어질 수 있다는 점은 아쉬운 부분이다.

· 마블 욕조

언뜻 보기에는 대리석을 통으로 깎은 것 같지만, 인조 대리석을 사용해 만든 욕조다. 인조 대리석이라고 해도 돌가루를 넣어 만들기 때문에 다른 욕조보다 무게가 좀 있는 편이라 자칫 잘못하면 파손될 가능성도 있다. 가격도 꽤 높은 편이지만 아크릴이나 플라스틱 소재 욕조보다는 내구성이 좋고 색상이나 크기, 스타일에 대한 선택의 폭이 넓어서 찾는 이들이 점점 늘어나고 있다.

• 오닉스 욕조

저급 돌가루를 섞어 만든 마블 욕조와 달리 고급 돌가루가 함유된 제품이다. 마블 욕조보다 내구성이 훨씬 좋지만, 그만큼 가격도 더 비싼 편이다. 무게도 꽤 나가는 편이라서 일반 가정집에서는 쉽게 접근하기 어렵다는 것이 단점이다. 그럼에도 불구하고 조금 더 고급스러운 욕실 분위기를 연출하고 싶다면 오닉스 욕조를 선택하는 것도 좋은 방법이다.

• 목재 욕조

일반적으로 항균성이 뛰어난 나무로 만들기 때문에 피부가 예민하거나 아토피 질환이 있는 경우 목재 욕조를 많이 사용한다. 하지만 나무로 만든 만큼 욕실 습도에 따라 변형이 될 수 있고, 심한 경우 목재가 썩을 수도 있기 때문에 관리에 신경을 많이 써야 한다.

• 법랑 욕조

욕조 모양 틀에 구리나 철을 부어 만든 후 유약을 발라 마무리하는 것을 '법랑 욕조'라고 한다. 철로 만든 만큼 내구성은 그 어떤 욕조보다 좋고 튼튼하다. 철의 특성상 따뜻한 물을 오랫동안 보존한다는 점도 매력적이다. 하지만 그 어떤 소재보다 무거워서 설치가 어렵고 비싸다는 단점이 존재한다. 게다가 물때가 잘 끼고 유약 코팅도 쉽게 벗겨져 관리가 어렵다는 것도 아쉬운 점이다.

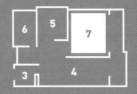

PART • **7**

—————   —————

BEDROOM
침실

—————   —————

CHAPTER
1

BASIC
KNOW-HOW
기본 상식

침실은 공간이 한정적이라 큰 시공을 할 수 없어 대부분
벽지 작업으로 자신만의 개성을 나타내는 경우가 많다.
도배가 언뜻 보면 쉬워 보이지만 막상 시도하려면 어디서부터
어떻게 해야 할지 몰라 당황하기 일쑤다.
아야빠가 하나하나 꼼꼼하게 따져 본 침실 도배 작업 기본 지식과
그 외의 침실 인테리어 깨알 상식을 함께 알아보자.

1 | 합지

별도로 코팅을 하지 않은 종이를 2장 이상 합쳐 만든 도배지를 '합지'라고 부른다. 가격이 비교적 저렴하지만, 종이이기 때문에 습기와 오염에 약하다. 게다가 시간이 흐를수록 쉽게 변색된다는 것도 단점이다. 이러한 합지 벽지는 소폭과 광폭으로도 나눌 수 있는데, 폭이 60㎝ 내외인 것을 소폭이라고 하고 폭이 90㎝ 이상인 것을 광폭이라고 한다. 소폭 벽지는 폭이 좁고 가벼워 조금 더 빠르게 작업을 할 수 있지만, 좁은 벽지를 여러 번 작업해야 하기 때문에 이음새가 더 많이 생긴다는 단점이 있다. 반면 광폭 벽지는 폭이 넓어서 셀프 작업을 하기 조금 까다롭지만, 소폭 벽지보다 이음새가 적어 더 깔끔한 결과물을 얻을 수 있다.

2 | 실크 벽지

실크 벽지는 종이 도배지 표면에 PVC 코팅을 따로 한 것이 특징이다. 합지처럼 광폭이나 소폭으로 따로 나뉘지 않고 광폭 사이즈만 있다. 실크 벽지는 표면에 코팅이 되어 있으므로 합지보다 습기와 오염에 강해 관리가 편하다는 장점이 있다. 또한, 색상이나 질감도 합지에 비해 고급스럽고 변색도 덜하기 때문에 고급 도배 재료로 알려져 있다. 하지만 합지에 비해 가격이 비싼 것이 단점이라 할 수 있다. 합지는 3년 정도면 변색이 눈에 띄기 시작하고 실크 벽지는 5~6년 정도는 변색 없이 무난히 쓸 수 있다.

도배 방법

도배에는 두 가지 방법이 있다. 작업하기 전 각각의 도배 방법을 꼼꼼하게 살펴본 뒤 자신의 집 상태와 작업 상황에 맞춰 하나를 선택해 진행하는 것이 좋다.

· 벽에 직접 시공하기

말 그대로 벽에 아무런 장치 없이 벽지를 바로 붙이는 방법을 뜻한다. 별도의 공정이 추가되지 않으니 도배 작업 시간이 무척이나 짧은 것이 특징이다. 하지만 벽 표면 상태가 그대로 벽지에 나타나서 시공 결과가 좋지 않을 수도 있다. 게다가 벽지를 붙이는 벽이 어떤 재질이냐에 따라 상황이 다를 수도 있다. 시멘트 재질의 벽이나 석고보드 재질의 벽인 경우 물을 빨아들이는 성질이 있는데, 도배할 때 사용하는 풀의 주재료가 물이다. 풀에 있는 수분을 잔뜩 빨아들여 붙임성이 떨어질 수 있고, 이로 인해 하자가 발생할 수도 있다는 점을 인지해야만 한다.

· 띄움 시공하기

띄움 시공은 총 두 번의 도배 공정이 필요하다. 빈 벽에 처음 도배를 한다고 가정했을 때, 벽 가장자리에만 풀칠을 하고 도배하여 가장자리를 제외한 가운데 부분이 벽과 떨어지도록 하는 1차 공정을 '초배'라 하고, 그 위에 벽지를 덧붙이는 2차 공정을 '정배'라고 부른다. 이처럼 벽과 벽지가 떨어져 있다고 해서 '띄움 시공'이라고 부르는 것이다. 띄움 시공은 벽과 초배지 사이에 공간이 있으므로 벽이 울퉁불퉁해도 벽지 위로 드러나지 않아 도배 후 겉면이 매끄럽다. 게다가 초배지와 함께 두 겹으로 시공하니 강도도 향상되고, 벽 재질과 상관없이 초배지 위에 벽지를 붙이니 붙임성도 균일하다. 일반적으로 실크 벽지만 띄움 시공을 한다고 알고 있지만, 벽지 종류에 상관없이 모두 띄움 시공이 가능하다. 시간이 오래 걸려 번거로울 수 있지만, 좋은 결과물을 위해 되도록 띄움 시공을 선택하길 추천한다.

지금 우리집 벽지는 실크일까, 합지일까?

1. 합지 벽지는 이어지는 벽지를 5mm 정도 겹쳐가며 붙이지만, 실크 벽지는 겹치지 않고 맞대어 붙인다는 시공 상의 차이가 존재한다. 도배지를 겹쳐 붙이면 경계 부분이 약간 볼록하게 올라오기 때문에 합지 벽지임을 쉽게 알아차릴 수 있다. 반면, 실크 벽지로 시공이 잘된 곳은 언뜻 봐서는 경계선이 보이지 않는다. 우리 집 벽지를 살펴봤을 때 경계를 좀처럼 찾아볼 수 없다면 실크 벽지를 사용했다고 보면 된다.

2. 합지 벽지는 PVC 코팅 층이 없다. 표면을 긁었을 때 종이 찢어지듯 까진다면 합지 벽지이고, 껍질 벗겨지듯 벗겨진다면 실크 벽지다.

3 | 초배지

앞서 말했듯이 도배 작업의 결과물을 더 좋게 만들기 위해 벽지를 바르기 전 벽에 붙이는 종이를 '초배지'라고 한다. 이런 초배지는 시중에서 3가지 종류로 구할 수 있다.

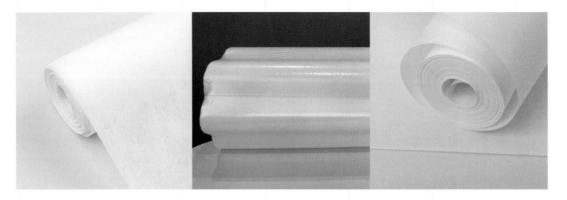

・ 부직포

부직포는 도배 업계에서 오랫동안 광범위하게 사용되던 초배지다. 한때는 '산업용 전사 용지'로 사용했었는데, 재료비도 무척 싸고 초배지로 사용하기에도 적당했기 때문에 도배 작업에 사용되기 시작했다. 부직포는 단독으로 이용하지 않고 그 위에 '운용지'라는 것을 붙이는 것이 특징이다. 그냥 부직포 위에 벽지를 붙이면 서로 잘 붙지 않아서 도배지를 이어붙이는 자리마다 종이로 된 운용지를 세로로 또 한 번 대서 부착성을 높이는 것이다. 예를 들어 벽지 폭이 1050mm라고 하면 아무것도 없는 벽에 부직포를 붙이고 1050mm 간격으로 운용지를 붙여 그 위에 벽지 작업을 하는 것이다. 이처럼 작업하기 조금 복잡한 면이 있어서 최근에는 많이 사용하지 않는 재료이기도 하다.

・ 제이텍스

'아이텍스'로 많이 알려진 제품으로 종이와 부직포의 성분이 섞인 재질이 특징이다. 종이가 섞인 만큼 도배지가 훨씬 더 잘 붙어 부직포를 사용할 때처럼 운용지를 추가로 붙일 필요가 없어 초배 작업이 간단해진다. 단점은 부직포보다 비싸다는 것과 풀을 먹으면 수분을 금방 흡수해서 물먹은 종이가 늘어나듯 살짝 늘어난다는 것이다. 셀프 시공을 하다 보면 벽지를 붙인 상태에서 살짝 떼었다 붙이거나 하며 자리를 잡아야 하는데, 제이텍스가 풀에 있는 수분을 흡수해 늘어져 버리면 도배지를 정확히 붙일 수 없기 때문에 난감한 상황을 맞게 될 수도 있다. 전문가들은 제이텍스로 시공할 때 도배지를 너무 붙였다 떼었다 하지 않고 최대한 빨리 한 번에 시공하려고 하는데, 인테리어 입문자에게는 이 과정이 어렵게 느껴질 수 있다.

・ 에코텍스

시중에 출시된 지 얼마 안 된 제품으로 제이텍스와 비슷하게 종이와 부직포를 섞은 느낌의 재질이다. 눈에 띄는 점은 기능성 특수 코팅 처리를 했다는 것. 덕분에 풀에 있는 수분을 잘 빨아들이지 않아 도배지를 붙였다 떼어 내도 처짐이나 변형이 적다. 도배지가 잘 붙는 것은 기본이고, 작업할 때 떼어 냈다가 다시 붙이는 것이 어느 정도 가능하기 때문에 초보자가 시행착오를 겪으면서 셀프 도배하기에 더 나은 재료다. 제이텍스에 비해 느리긴 하나 에코텍스도 시간이 지남에 따라 물을 빨아들인다. 하지만 서투른 솜씨를 커버할 약간의 시간을 벌 수 있다. 다만, 앞서 언급한 두 가지 초배지보다 비싼 가격이 아쉬운 점이다.

4 | 풀 바른 도배지

과거에는 벽지를 붙이기 위해 풀을 따로 만들어 사용해야 했으나, 최근에는 벽지 자체에 풀을 발라 판매하는 제품이 있다. 이러한 제품들의 가장 큰 장점은 도배지에 풀을 바르는 수고를 없앤다는 것이다. 또한, 풀 바른 도배지는 주문한 사이즈대로 재단하여 배송되므로 벽지를 자르는 과정 없이 바로 벽에 시공할 수 있어 편리하다.

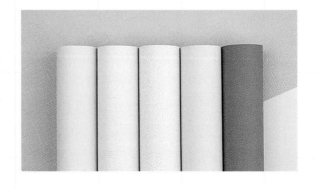

5 | 틈새 메꿈씰

실내 벽면이나 문틀, 창틀에 생긴 틈새나 못 자국 등을 간편하게 메꿀 수 있는 튜브 타입의 충전 보수 제품이다. 보수가 필요한 부분에 간단히 제품을 짜 넣어서 부드러운 스펀지나 헤라 등으로 마무리하면 돼 일상생활에서도 많이 사용하는 편이다. 만약 틈새가 난 곳에 보수 작업을 한 후 페인트칠까지 하고 싶다면 틈새 메꿈씰이 완전히 마른 뒤에 페인트칠할 것을 권한다.

6 | 방충망 롤러

창틀에 방충망을 끼워 넣을 때 사용한다. 상단에 서로 다른 두 개의 롤러가 붙어 있는데, 이들을 이용해 창틀 사이로 방충망을 밀어 넣으면 훨씬 수월하게 작업할 수 있어 좋다. 방충망 수리 시 꼭 필요한 제품이다.

7 | 고무 가스켓

이름에서 알 수 있듯이 고무 소재로 된 메꿈 제품인데, 일반적으로 창틀이나 문틀에 사용한다. 고무 가스켓을 설치할 경우 문틀이나 창틀로 새어 나가는 소음을 차단할 수 있으며 외부의 공기를 확실히 막아 난방비를 절약하는 역할도 한다. 또한, 창틀의 경우 방충망을 설치할 때 새시와 방충망을 단단히 연결하는 역할로 고무 가스켓을 사용하기도 한다.

벽 몰딩 인테리어

페인트나 벽지만을 사용해 벽을 꾸미던 시절은 지났다. 이제는 다양한 재료들로 개성 넘치는 인테리어를 시도하는데, 최근 주목받고 있는 것이 바로 몰딩을 활용한 벽면 인테리어다. 벽 몰딩 인테리어는 다음과 같이 두 가지 방법으로 나눌 수 있다.

1. MDF 패널 잘라 몰딩 만들어 사용하기

시중에서 판매되는 몰딩이 아니라 MDF 패널로 직접 몰딩을 만드는 방법이다. 과정이 복잡하고 다소 어려운 감이 있지만, 자신이 원하는 사이즈의 몰딩으로 벽을 꾸밀 수 있다는 장점이 있다. 그뿐만 아니라 색상이나 무늬 등을 필름지나 페인트를 사용해 다양하게 적용할 수 있다는 것도 매력적인 부분이다. 그렇다면 시공할 벽에 몰딩이 몇 개 들어갈지 계산하는 법은 무엇일까?

1) 벽의 전체 사이즈를 잰다. 예를 들기 위해 벽 사이즈는 2600mm, MDF 패널로 만들 몰딩 하나의 넓이는 40mm로 가정해 보자.
2) 벽의 시작과 마지막 지점에는 반드시 몰딩 하나가 들어가야 하므로, 벽의 총 길이에서 몰딩 간격을 하나 뺀 2560mm로 계산을 진행한다.
3) 몰딩 사이의 간격을 20mm라고 가정했을 때, 몰딩 하나의 넓이인 40mm와 더한다.
4) 벽의 최종 길이 2560mm를 몰딩과 간격의 수치를 합한 60mm로 나누면 총 43개의 몰딩이 필요하다는 결론이 나온다.
5) 여기에 앞서 2600mm에서 뺀 40mm 몰딩 하나를 더하면 2600mm의 벽을 채우기 위해서는 총 44개의 몰딩이 필요하다.
6) 몰딩과 간격을 합친 수치인 60mm에 44를 역으로 계산하면 2580mm가 나와 20mm가 남게 되므로 일부 몰딩 사이의 간격을 1mm씩 넓게 하기로 계획한다.

2. 템바루바 사용하기

완성형 몰딩을 정해진 간격에 맞춰 각 패널에 미리 부착해 둔 것을 말한다. 몰딩의 사이즈나 간격의 넓이를 내 마음대로 정할 수는 없지만, MDF 패널을 사용한 것보다 훨씬 간편하게 벽을 꾸밀 수 있다는 장점이 있다. 이미 사이즈가 나와 있으니 시공할 벽의 사이즈에 맞게 템바루바를 주문하면 끝! 인테리어 초보자들이라면 굳이 MDF 패널로 몰딩을 만들 필요 없이 템바루바를 사용하는 것을 추천한다.

CHAPTER
2

BASIC INTERIOR
기본 인테리어

다른 공간과 달리 침실은 딱히 셀프 인테리어를 할 만한 게
없다고 오해할 수 있지만, 그렇지 않다. 바쁜 일상으로 지친
가족들을 포근하게 감싸 줄 공간인 만큼 그야말로 기본에 충실한
인테리어가 필요한 법! 약간의 변화만으로 분위기를 180도
변화시킬 침실 셀프 인테리어 노하우를 지금 공개한다.

✓ **CHECK 1**

띄움 시공으로 도배하기

<u>준비물</u>	에코텍스 초배지, 도배용 풀(1kg), 물, 목공본드, 5㎝ 붓, 커터 칼 (칼날 여러 개), 정배솔, 풀 바른 도배지, 도배 자, 도배용 롤러
<u>주의사항</u>	· 날카로운 도구를 사용할 때 다치지 않도록 조심한다. · 초배지를 바르지 않고도 시공이 가능하나, 더 좋은 결과를 위해 초배지를 사용하는 것을 권한다. · 도배 작업 중에나 도배 건조하는 동안 창문을 닫아 두는 것이 좋다. 도배지가 천천히 마르도록 해야 도배지 사이가 벌어지는 등의 하자가 발생하지 않는다.

Step 1 벽면 정리하기

도배 작업 전에 벽에 있는 콘센트와 스위치 커버를 모두 벗겨 낸다.

기존 벽에 붙어 있던 실크 벽지의 겉에 있는 껍질만 떼어 낸다.

Tip! 실크 벽지를 전체 다 떼어 내지 않고 PVC 코팅만 제거해 주면, 기존에 했던 띄움 시공을 그대로 활용할 수 있어 다시 초배지 시공을 하지 않아도 된다. 단, 초배지 재활용 시 내구성에 문제가 생길 수도 있으니 잘 고려해 선택하도록 하자.

만약 벽지를 다 뜯어내야 하는 상황이라면 가운데 부분은 벽지를 띄울 것이므로 대충 뜯되, 초배지를 붙일 가장자리 부분은 들뜬 종이가 없도록 깔끔하게 떼어 낸다.

Tip! 더 깔끔한 결과물을 위해 벽 가장자리 부분에 퍼티를 바르고 표면을 정리한다.

Step 2 초배지 붙이기

도배용 풀과 물, 목공본드를 1:1:1 비율로 섞어 준다.

붓을 이용해 **04**를 벽에 발라 준다. 이때, 벽의 양옆과 콘센트나 스위치 주위, 그리고 초배지 높이에 해당하는 벽 가운데 부위에 집중하여 발라 준다.

 Tip! 초배지는 벽을 위아래로 이등분하여 나눈 후 아래부터 붙여 줘야 한다. 그렇기 때문에 아래에 붙일 초배지 높이를 고려해 벽 가운데에 풀을 발라 주는 것이다.

바닥에서 5~7㎝ 정도 떨어트린 높이에서 초배지를 통째로 붙인 뒤 수평을 잘 맞춰 옆으로 주르륵 풀어 준다.

반대쪽 모서리에서 커터 칼로 초배지를 잘라 준다.

초배지가 최대한 주름 없이 팽팽하게 펴지도록 붙였다가 떼어 내면서 위치를 조정해 준다.

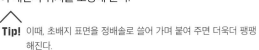 **Tip!** 이때, 초배지 표면을 정배솔로 쓸어 가며 붙여 주면 더욱더 팽팽해진다.

콘센트나 스위치 부분은 커터 칼을 이용해 초배지를 자른 뒤 주변에 발라 둔 풀에 잘 붙여 준다.

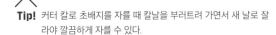 **Tip!** 커터 칼로 초배지를 자를 때 칼날을 부러뜨려 가면서 새 날로 잘라야 깔끔하게 자를 수 있다.

10

위쪽 벽면 가장자리 부분에 **04**를 골고루 발라 준다.

11

천장에서 5~7㎝ 정도 떨어트린 높이에서 초배지를 통째로 붙인 뒤 수평을 잘 맞춰 옆으로 주르륵 풀어 준다.

Tip! 위쪽 초배지와 아래쪽 초배지가 일정 부분 겹쳐져야 한다는 점을 고려하면서 작업하도록 한다.

12

반대쪽 모서리에서 커터 칼로 초배지를 잘라 준 뒤 위와 같은 방법으로 초배지가 팽팽해지도록 벽에 붙여 주고 풀이 완전히 마를 때까지 몇 시간 기다려 준다.

Step 3 풀 바른 도배지 붙이기

13

벽의 맨 위쪽 도배지가 바로 붙을 가장자리 부분에 미리 만
들어 둔 풀을 붓으로 잘 발라 준다.

Tip! 풀 바른 도배지만 벽에 붙이는 것보다 이렇게 한 번 풀을 덧발라
줘야 도배지가 벽에 더 단단하게 고정된다.

14

도배지를 두 겹으로 겹쳐 잡고 검지와 중지로 넓게 받친 뒤
그대로 들어 올린다.

Tip! 도배지를 손으로 잡을 때 면적을 넓게 잡아야 찢어지지 않는다.

15

도배지를 벽 위쪽 모서리부터 중간 정도까지 수직으로 붙인 다음 남은 아랫부분을 붙인다.

16

벽 아랫부분 모서리 쪽에 도배지를 맞춰 붙이고 나머지를 천천히 붙여 준다.

17

천장과 이어지는 윗부분과 바닥과 이어지는 아랫부분에 도배지가 남을 경우 자를 대고 커터 칼로 잘라 준다.

18

두 번째 도배지부터는 첫 번째 도배지와 맞춰 붙이도록 한다.

19

벽지가 맞닿는 부분은 롤러로 문질러 고정해 준다.

Tip! 롤러는 너무 세게 문지를 필요 없이 살살 움직여 모서리가 뜨지 않게 자리만 잡아주도록 한다.

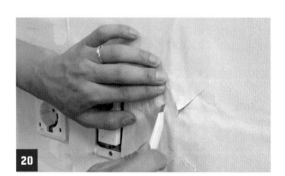

20

콘센트와 스위치가 있는 곳은 모서리를 가늠해 그보다 5mm 정도 더 안쪽으로 도배지를 잘라 낸다.

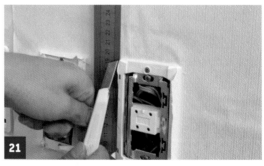

21

콘센트와 스위치 테두리에 맞춰 자를 댄 뒤 남은 여분을 깔끔하게 잘라 내면 된다.

Tip! 콘센트와 스위치 주변 부분을 손으로 꾹꾹 눌러 도배지와 초배지가 잘 달라붙도록 해야 나중에 마르면서 찢어지지 않는다.

Step 4 풀 바른 도배지 재단하기

벽의 끝부분을 붙이기 전 남은 부분의 폭을 자로 재 확인한다.

22에서 확인한 사이즈보다 2cm 정도 더 여유를 두고 도배지를 재단한다.

도배지를 자른 부분이 끝으로 가도록 벽에 붙인다.

커튼 박스가 있는 부분이라면 도배지를 다른 부분보다 더 높게 붙인 뒤 커튼 박스 안쪽까지 도배지가 들어갈 수 있도록 붙인다.

커튼 박스와 위아래 남는 여분을 커터 칼로 깔끔하게 잘라준다.

한쪽 벽지를 3~5mm 정도 다른 벽으로 넘어가도록 자른다.

다음 벽에 붙이는 벽지는 처음 붙이는 것처럼 벽의 모서리를 기준 삼아 붙인다.

방을 확장해 기둥처럼 튀어나온 부분이 있다면 해당하는 곳을 자로 재 삼면의 전체 사이즈를 측정한다.

Tip! 이렇게 하여 두 벽이 만나는 모서리에서 도배지가 서로 겹쳐질 수 있도록 하는 것이 포인트!

29에서 측정한 사이즈보다 2㎝ 정도 더 여유를 두고 도배지를 재단한다.

한쪽 모서리를 기준으로 한 면에 도배지를 붙인 뒤 다른 면에 차례대로 넘어가며 도배지를 이어붙인다.

모서리를 넘길 땐 도배지가 찢어지지 않도록 맨 위와 아랫부분 남는 부분을 커터 칼로 살짝 끊어 준다.

붙박이장이나 방문이 있는 벽면의 경우 비어 있는 벽면을 구역별로 나눠 도배지를 붙인다.

Tip! 폭이 좁은 곳은 굳이 띄움 시공을 하지 않아도 된다.

Step 5 마무리하기

도배를 다 붙이고 이틀 정도 지난 뒤 도배지가 쭈글쭈글해졌던 부분에 여분의 풀을 발라 준다.

34 위를 롤러로 살살 눌러 보수하면 완성!

✓ **CHECK 2**

벽 꾸미기 심화 과정 :
MDF 패널 사용하기

준비물   MDF 패널(두께 12㎜) 2장, MDF 패널(두께 3㎜) 2장,
페인트 프라이머, 페인트, 페인트 트레이, 페인트 롤러, 필름지,
커터 칼, 드라이기, 실타카

주의사항   · 날카로운 도구를 사용할 때 다치지 않도록 조심한다.
· 시공할 벽 사이즈를 미리 측정한 후 229p를 참고하여 몰딩이
  몇 개 필요한지 미리 알아 둔다.
· 프라이머 또는 페인트 사용 후 반드시 환기한다.

Step 1 MDF 패널에 프라이머 바르기

벽에 설치할 패널의 두께를 미리 정해 두고 업체에 해당 사이즈에 맞게 재단하여 보내 달라고 요청한다.

Tip! MDF 주문 시 추가 비용을 내면 원하는 사이즈로 재단한 것을 받을 수 있다.

트레이에 비닐 커버를 깐 뒤 프라이머를 부어 준다.

Tip! 페인트 캔 스파우트를 입구에 부착하면 조금 더 깔끔하게 트레이에 프라이머를 부을 수 있다.

페인트 롤러에 프라이머를 묻힌 뒤 미리 좁은 폭으로 잘라 놓은 MDF 패널에 한쪽 면만 가볍게 칠해 준다.

Tip! MDF에 필름지를 붙이기 위해 보통 필름 전용 프라이머를 사용하는데, 페인트 전용 프라이머로 대신해도 괜찮다. VOC와 같은 성분이 적게 들어 있어 훨씬 안전할뿐더러 필름도 잘 붙는다.

Step 2 MDF 패널에 필름지 시공하기

MDF를 감싸기 위해 필름지를 몰딩 두께에 맞게 재단한다.

필름지 바닥에 뒤집어 놓은 뒤 이형지를 제거하고 MDF를 그 위에 올려 둔다. 이때, 페인트를 바른 MDF 면이 천장을 향하도록 한다.

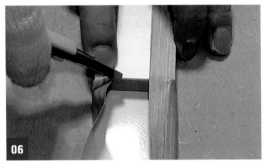

MDF를 감싸기 위해 필름지를 몰딩 두께에 맞게 재단한다.

 Tip! 필름지 모서리 마감은 78p를 참고한다.

06에 드라이기로 열을 가해 필름지를 완전히 밀착시키면 몰딩 완성. 나머지 MDF도 같은 방식으로 작업한다.

Step 3 MDF 패널 설치하기

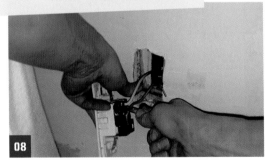

작업할 벽에 콘센트가 있을 경우 작업 전 두꺼비집 전원을 내린 다음 벽에 고정된 나사를 드라이버로 풀어 준 뒤 콘센트 본체를 붙잡아 빼낸다.

 Tip! 이때, 콘센트가 들어갈 자리의 크기를 미리 체크한 뒤 MDF 페널에 연필로 표시해 둔다.

작업할 벽에 MDF 패널을 맞댄 뒤 실타카를 사용해 차례대로 고정한다.

Tip! 기존 벽이 석고보드였기 때문에 실타카를 사용했지만, 그렇지 않은 경우 실리콘건이나 글루건을 이용해 MDF 패널을 벽에 고정한다.

미리 연필로 표시해 둔 콘센트 자리를 커터 칼로 잘라 뚫어
준다.

MDF 패널에 준비한 필름지를 붙여 준다.

Tip! 필름지 시공 순서는 77p를 참고한다.

필름지 겉면을 어루만져 콘센트 자리를 확인한 뒤 칼로 그
어 공간을 만들고 콘센트를 다시 부착한다.

앞에서 MDF 패널로 만들어 둔 몰딩을 측면에 먼저 붙여 준
다음 그곳을 기준으로 차례차례 정면에 몰딩을 붙여 준다.
몰딩과 몰딩 사이 간격은 25㎜로 맞춘다.

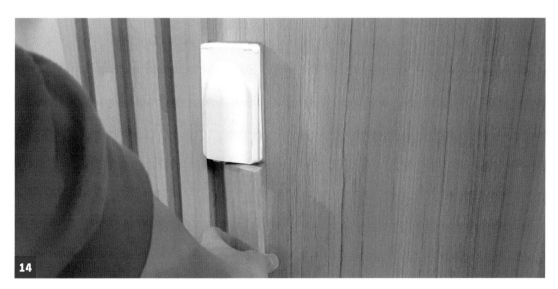

콘센트 사이즈에 맞게 몰딩을 재단한 후 위아래로 붙여 준다.

✓ CHECK 3

벽 꾸미기 간단 과정 :
템바루바 사용하기

준비물　　템바루바(2440x106㎜), 스타트 몰딩, 엔드 몰딩, 상하부
　　　　　마감 몰딩, 걸레받이 몰딩, 줄자, 톱, 실리콘건, 글루건,
　　　　　전동 드릴, 실타카

주의사항　　· 날카로운 도구를 사용할 때 다치지 않도록 조심한다.
　　　　　· 실리콘건이나 글루건을 사용할 때는 손에 묻지 않도록
　　　　　 주의하고 되도록 작업용 장갑을 착용한다.

Step 1 템바루바 준비하기

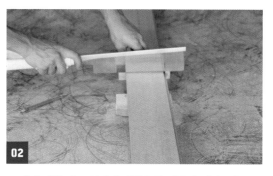

템바루바를 설치할 벽의 크기를 확인하고 템바루바의 세로 길이를 정한다.

01에서 정한 세로 길이에 맞춰 톱을 이용해 템바루바를 하나씩 잘라 준다.

Tip! 아야빠의 경우 템바루바를 삼등분할 수 있는 길이인 81cm 정도로 잘랐다. 템바루바는 MDF 재질이기 때문에 톱질이 어려운 편은 아니다.

스타트 몰딩과 엔드 몰딩도 **02**의 세로 길이에 맞춰 잘라 준다.

상하부 마감 몰딩은 템바루바를 조립했을 때 너비와 스타트 몰딩과 엔드 몰딩을 더한 길이로 맞춰 잘라 준다.

걸레받이 몰딩 또한 벽 가로 길이에 맞춰 잘라 준다. 걸레받이는 경사면이 있는 모양의 것으로 준비해야 한다.

Step 2 템바루바 결합하기

02의 템바루바를 뒤집은 뒤 벽 가로 길이에 맞춰 나열한다.

Tip! 이때, 가로 길이가 부족한 경우 스타트 몰딩과 엔드 몰딩을 템바루바와 결합하여 길이를 맞춘다.

잘라 둔 걸레받이 몰딩을 **06**의 가장자리에 맞춰 올려 둔 뒤 볼펜으로 수평선을 그려 준다.

걸레받이 몰딩의 경사진 모서리가 아래 방향으로 향하도록 위치를 잡은 뒤 실리콘과 핫 글루를 길게 쏴 준다.

실리콘과 핫 글루가 아래로 가도록 걸레받이 몰딩을 뒤집은 후 **07**의 선에 맞춰 템바루바에 붙여 준다. 반대쪽도 같은 방식으로 걸레받이를 붙여 준다.

Step 3 템바루바 설치하기

템바루바에 붙인 걸레받이 몰딩의 높이를 고려해 위치를 정한 뒤 벽에 여분의 걸레받이를 전동 드릴로 박아 준다.

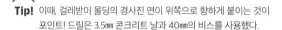

Tip! 이때, 걸레받이 몰딩의 경사진 면이 위쪽으로 향하게 붙이는 것이 포인트! 드릴은 3.5㎜ 콘크리트 날과 40㎜의 비스를 사용했다.

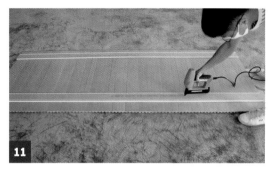

09의 걸레받이 몰딩 쪽에 타카를 박아 템바루바와 더 단단하게 붙을 수 있도록 한다.

11을 뒤집은 후 위아래 자른 면이 가려질 수 있도록 마감 몰딩을 붙이고 타카를 쏴 준다.

12를 들어 올려 뒷면의 걸레받이 몰딩이 벽면에 설치한 걸레받이 몰딩과 맞물리도록 결합한다.

✓ CHECK 4
걸레받이 설치하기

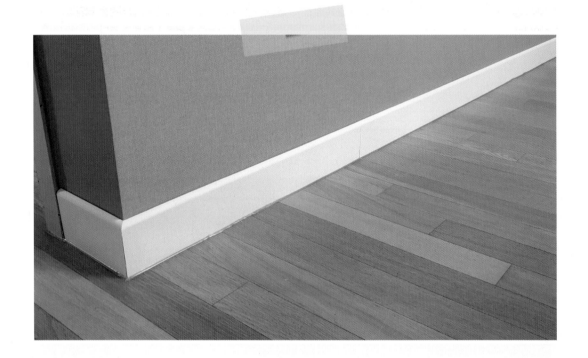

준비물   걸레받이 몰딩 2개, 실리콘건, 글루건, 각도 톱질대, 틈새 메꿈씰

주의사항   · 날카로운 도구를 사용할 때 다치지 않도록 조심한다.
                 · 실리콘건이나 글루건을 사용할 때는 손에 묻지 않도록
                   주의하고 되도록 작업용 장갑을 착용한다.

Step 1 걸레받이 몰딩 붙이기

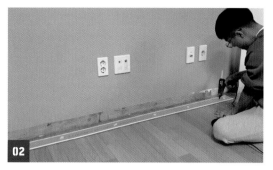

걸레받이를 설치할 벽면의 길이를 확인한 후 그에 맞게 걸레받이 몰딩을 구매한다.

걸레받이 몰딩 하나를 뒤집은 뒤 실리콘을 띄엄띄엄 쏴 주고 핫 글루를 가운데와 양쪽 끝에 발라 준다.

02를 벽 아래에 붙여 주먹으로 겉면을 두드리며 단단히 고정한다.

Step 2 걸레받이 몰딩 재단하기

04

남은 공간에 나머지 걸레받이를 임시로 가져다 대 사이즈를 확인한 후 걸레받이 몰딩 모서리 부분에 연필로 자를 곳을 체크한다.

05

걸레받이 몰딩을 각도 톱질대에 고정한 다음 연필로 체크한 곳에 톱을 가져다 대고 45도 각도로 잘라 준다.

06

05에 실리콘과 핫 글루를 쏴 준 다음 벽에 붙이고 손으로 꾹 눌러 접착시킨다.

07

여분의 걸레받이 몰딩 역시 한쪽 끝을 45도 각도로 잘라 준 뒤 실리콘과 핫 글루를 쏴서 **06**과 이어지게 벽에 붙여 준다.

08

06과 **07**이 이어지는 곳에 틈새 메꿈씰을 넣고 보완하여 자연스럽게 마무리한다.

09

마루와 걸레받이 몰딩 연결 부위에 실리콘을 쏴서 마무리한다.

✓ **CHECK 5**
방충망 교체하기

준비물   전동 드릴, 방충망 롤러, 방충망, 방충망 고무 가스켓, 커터 칼

주의사항   · 날카로운 도구를 사용할 때 다치지 않도록 조심한다.
    · 혼자 새시를 끼우는 게 힘들 수 있으니 2인 1조로 진행하는
      것도 추천한다.

Step 1 기존 방충망 제거하기

걸레나 물티슈로 창틀에 쌓인 먼지를 깔끔하게 제거한다.

전동 드릴을 이용해 새시에 박힌 방범창의 기다란 비스를 뽑는다.

비스를 모두 제거한 방범창을 앞으로 잡아당겨 새시에서 분리해 낸다.

 Tip! 방범창이 있는 저층일 때만 이 단계를 실행한다. 방범창이 없으면 그냥 넘어간다.

방충망 새시를 위로 들어 올리고 아래쪽부터 빼낸다.

방충망 새시 모서리 홈에 끼워져 있는 고무 가스켓을 제거한다.

방충망을 새시 끝에서부터 걷어 낸다.

 Tip! 먼지가 많이 쌓여 있을 확률이 높기 때문에 최대한 천천히 방충망을 뜯어내는 것이 좋다.

걸레나 물티슈로 새시 틀을 한 번 더 깨끗하게 닦아 준다.

Step 2 새 방충망 설치하기

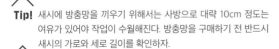

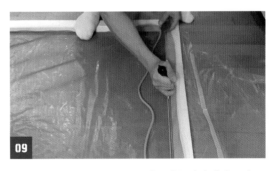

바닥에 비닐을 깔고 그 위에 새시를 놓아 준 뒤 새로 산 방충망을 얹어 주고 방충망 롤러를 이용해 새시 홈 안에 방충망을 넣어 준다.

한쪽 면이 끝나면 그 위에 고무 가스켓을 넣어 끼워 준다. 고무 가스켓 역시 깊게 들어갈 수 있도록 롤러를 이용해 꾹꾹 누른다.

Tip! 새시에 방충망을 끼우기 위해서는 사방으로 대략 10cm 정도는 여유가 있어야 작업이 수월해진다. 방충망을 구매하기 전 반드시 새시의 가로와 세로 길이를 확인하자.

Tip! 방충망이 홈 안쪽 좌우 모서리까지 들어가 'ㄷ'자로 자리 잡도록 방충망을 확실히 밀어 넣어 줘야 한다. 만약 제대로 넣지 않으면 나중에 고무 가스켓이 모서리까지 깊이 들어가지 못해 방충망이 쉽게 빠져 버릴 수 있다.

다른 면도 방충망을 먼저 넣고 그 위에 고무 가스켓을 끼우는 작업을 실행한다.

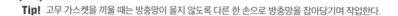

Tip! 고무 가스켓을 끼울 때는 방충망이 울지 않도록 다른 한 손으로 방충망을 잡아당기며 작업한다.

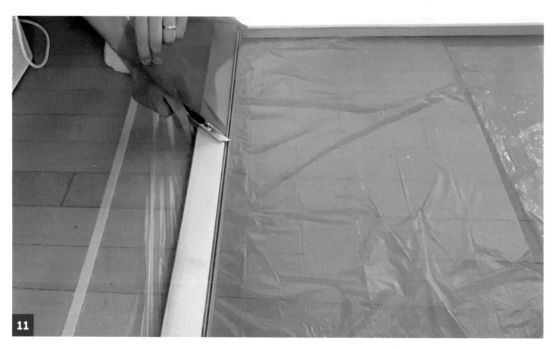

모든 작업이 끝나고 남은 고무 가스켓은 커터 칼로 잘라 낸다. 새시 주변에 남은 방충망도 커터 칼로 말끔히 잘라 준다.

완성된 새시를 다시 창문틀에 끼워 넣어 준다.

나도 한다!
셀프 인테리어

ⓒ 아야빠

초판 1쇄 발행 2022년 3월 2일

지은이	아야빠(임승우)
펴낸이	박성인

책임편집	강하나
편집	김희정, 이다현
마케팅	김멜리띠나
경영관리	김일환
디자인	studio 213ho

협찬		
	공간디피 www.spacedp.com	월플랜 www.wallplan.co.kr
	노루페인트 www.noroopaint.com	이누데코 inudeco.com
	대림통상 www.dltc.co.kr	주항테크 joohang.com
	마끼다 www.lkmakita.co.kr	제일타카 www.jitool.com
	모나미 www.monami.com	철물마켓 smartstore.naver.com/5penmk
	바른도배 www.cleandobae.com	코레카 www.koreca.co.kr
	아이지레더 www.igladder.co.kr	코메론 www.komelon.co.kr
	오공 www.okong.com	케이비원 www.kbone.co.kr
	(주)에스디상사/룩스몰 www.luuxmall.com	현대L&C www.hyundailnc.com
	위코 www.iwenc.co.kr	

펴낸곳	허들링북스
출판등록	2020년 3월 27일 제2020-000036호
주소	서울시 강서구 공항대로 219, 3층 309-1호(마곡동, 센테니아)
전화	02-2668-9692 **팩스** 02-2668-9693
이메일	contents@huddlingbooks.com

ISBN 979-11-91505-10-8 (13590)